자황스님 무상사 법문
BTN 불교TV 열린법회

해탈의 징검다리

염불선 정밀수도도량
광보사 자황스님 지음

KB191365

자황스님 무상사 법문
BTN 불교TV 열린법회

해탈의 징검다리

염불선
정밀수도도량
광보사
자황스님
지음

머리말

나의
몸의 출가본사는 백양사이지만
나의 마음의 출가본사는
대불련(한국대학생불교연합회)이다.
대학 시절 불교학생회 활동을 통해
발심하고 출가하게 되었고
그 시절 그 추억과 그 기억,
그리고
그때 새겨진 불교에 대한 의지와 열정으로
지금도 생활을 하고 있다.

입산출가 후
한참을 뜸했다가 관계가 다시 연결되었고
그 덕분에
BTN 불교TV 방송과 인연이 되어
'바른수행과 염불선'에 관하여 대중매체에 최초로
설법할 기회도 갖게 되었다.

그리고
녹음된 내용을 글로 적는 작업까지
모두 대불련(한국대학생불교연합회)의

착한 인연들로
이 책이 만들어진 것이다.

진리의 빛이며
진리의 얼이며
진리의 다정한 벗들인
대불련의 선배님, 후배님과 동기들 모두에게
다시 한번 감사드리며
자신과 세상을 밝히기 위해
입산출가까지 발심결행하는 좋은 진리의 벗,
동지(同志)들도
많이 배출되기를 기대해 본다.

온
우주
모든 존재들의
행복과 해탈과 자유를
소망하며
!

불기 2563 년 9 월 18 일

염 불 선
정 밀 수 도 도 량
광 보 사
자 황 합장

목 차

2 강

3 강

4 강

자황 스님
무상사 법문
2015년 1월~2월
BTN 불교TV 〈열린법회〉

해탈의 징검다리

1~4회
강의 녹취본

녹취본

1강

염불 참선법
(생활수행자)

잠시 제가 입정을 도와드리겠습니다. 눈은 감으시고 앉은 자세를 다시 한번 바르게 하십시오. 가슴을 펴시고 허리를 세우며 손은 뒤집어서 손바닥이 하늘로 향하도록 하시고 양쪽 무릎에 놓으시든지 가운데로 포개어 마주하시든지 편하게 하시고 온몸에 힘을 다 빼십니다.

더 구체적으로 몸의 힘을 빼겠습니다. 먼저 손바닥의 힘을 빼시고, 팔과 어깨에 힘을 빼시고, 몸통에 힘을 빼시고, 다시 허리, 다리, 발에 힘을 빼십니다. 더 나아가 목에 힘을 빼시고 머리에도 힘을 빼십니다. 머리를 텅 비우시면서 또다시 온몸에 힘을 빼십니다. 그리고 마음으로는 모든 것을 다 포기하십니다. 터럭 하나 붙드는 마음 없이 몸의 힘을 빼시면서 마음으로 모든 것을 포기하십니다. 시간이 지날수록 몸과 마음의 모든 무게가 밑으로, 밑으로 가라앉도록 몸의 힘을 더 빼시고 마음으로 더 포기하십니다. 살갗의 긴장이 풀리고, 살 속의 긴장이 풀리고, 뼈 속의 긴장이 풀릴 정도로 완전히 힘을 더 빼십니다. 모든 것을 다 놓으시고 모든 것을 다 맡기십니다. 온몸의 힘을 빼시고 마음으로 모든 걸 포기하고 놓고 쉬는 것만으로도 훌륭한 공부를 하는 겁니다.

거기에 하나 더 얹겠습니다. 그 고요하고 편안한 상태에서 본인이 기억하고 있는, 본인이 기억하고 있는 거룩한 부처님 이름이나 보살님 이름을 내쉬는 숨에 실어서 마음속으로 길게 부르십니다. 내쉬는 숨에 실어서 길게 간절히 부르시고 다시 숨을 충분히 들이마신 다음 또다시 내쉬는 숨에 실어서 부처님 이름을 길게 간절히 부르십니다. 내쉬는 호흡이 다 바닥날 때까지 소리를 늘이시면서 부르십니다. 몸의 힘은 더 빠지고 마음은 더 포기하시면서 모든 걸 놓고 모든 것을 맡긴 상태에서 본인들이 알고 있는 거룩한 불보살님의 이름을 내뱉는 호흡에 실어서 간절히 길게 부르십니다. 그리고 숨을 마음껏 들이마시고~! 이렇게 계속 반복하십니다. (충분히 시간이 지난 후) 자, 심호흡하시면서 서서히 눈을 뜨시겠습니다.

해탈의 징검다리

　인사 한번 나누실까요? 무상사 거룩한 법당에서 훌륭하신 노거사님들과 노보살님들, 그리고 또 여러 젊으신 청신사, 청신녀 여러분들을 뵙게 되어 반갑고 기쁘고 감사합니다. 저는 대한민국 땅끝, 희망이 시작되는 해남, 대흥사 가까이 있는 조그마한 절, 광보사에 사는 자황 스님입니다.

　저는 세상적 인연이 덜하였는지 고등학교 다닐 때 세상에 대해 크게 회의하며 무상을 절감하였고 대학교 다닐 때 한국대학생불교연합회, 불교학생회 활동을 하면서 "아, 세상을 벗어나는 출가의 길이 불교에 있구나!" 하고 사실을 바르게 알게 되었습니다. 또 그 출가의 길을 바르게 가기 위해서는 무엇보다도 참선 수행을 해야 한다는 사실을 알고서 당시 세상에 나오기 직전에 계셨던 청화 큰스님을 찾아갔었습니다. 당시 호남 주변에서는 참선을 가장 훌륭하게 하신다는 소문이 있어서 참선을 목적으로 그분께 입문을 했었고, 한 2~3년 성실히 수행했습니다. 그런데 성실히 수행하다가 기존의 참선공부에 한계를 느꼈고 그 한계를 극복하고 돌파하기 위해 더 기초가 되는 강원에 입방하여 공부하였고 요가수행을 통해 몸을 만든 다음, 겨울 한철 용맹정진을 통해 염불선(念佛禪)으로 참선의 관문을 통과했습니다.

그 문을 통과한 후, 세상의 모든 현상이 이치적으로, 원리적으로 이해되고 정리되면서 그 구조와 상황이 보이고 문제가 보이고 답이 보이는 이런 상황들을 얻게 되었습니다. 마치 잘 보이는 돋보기를 하나 얻게 된 느낌이었습니다. 돋보기를 갖다 대면 우리가 평소에 잘 알지 못했던 것을 자세히 보고 상세히 알 수 있듯이, 모든 상황들이 자세히 이해가 되었습니다. 이것은 행습을 익히고 요가를 통한 조신(調身)공부를 한 다음 염불선(念佛禪)을 통한 집중수행으로 가능했기에 "누구나가 이렇게 순차적으로 공부하여 이러한 상태를 얻었으면 좋겠다" 하는 바람이 있어 꾸준히 마음에 품고 있었고, 순차적으로 하면 이처럼 쉽게 해결할 수 있는데도 긴 시간을 할애하고도 해결하지 못하는 것이 안타깝게 생각되어, 결국은 참선을 목적으로 하는 전문 수행자들에게 이런 순차적인 공부법을 전해주면서 보다 쉽게 참선의 관문을 통과하고 세상을 위해 큰 역할을 할 수 있는 계기를 만들어야겠다는 마음으로 제가 작년에 『염불선(念佛禪)』이란 제목의 참선 공부 책을 하나 썼습니다.

그런데 그 책이 전문적이며 압축적이라 설명이 요청되는 부분이 많아 쉽게 풀어서 설명하는 염불선(念佛禪) 특강을 인연 따라 했기에, 염불선(念佛禪) 특강을 할 때는 기본적으로 "깨달음을 목표로 하는 참선을 위해서는 어떠한 과정으로 어떻게 공부를 하는 것인가?"에 대하여 상세히 설명합니다. 불교수행은 참선 전문 수행자뿐만 아니라 모든 불자들도 일상적으로 여러 가지 수행을 하고 있기 때문에 원리적으로 순리적으로 설명해서 출가자뿐만 아니라 재가 불자님까지도 원리적이고 순차적인 방법을 통해서 보다 쉽게, 정확하게 접근하도록 하는 것이 목적입니다. 이번 강의는 네 시간에 걸쳐 다섯 가지 주제를 가지고 접근이 됩니다.

인쇄물 한번 보실까요? 인쇄물 보셨죠? 제목은 〈수행의 금자탑 – 해탈의 징검다리〉입니다. 불교에서는 우리가 살고 있는 고통의 세계를 "차안(此岸)"이라 하고 이상의 세계를 저쪽 "피안(彼岸)"이라고 하지요? 인도의 갠지스강을 비유해서 그런 표현을 썼단 말이 있지만 강을 건널 때 중간중간 디딤돌이 있으면 얼마나 편하겠어요? 참선이란 결국은 최종적으로 접근하는 공부 방법이지만 그 하나 가지고는 상당히 힘이 듭니다.

　우리 인간의 구조를 보시면 아실 거예요. 이 참선은 우리 인간 구조에서 마음, 의식, 정신을 소재로 해서 하는 공부입니다. 그렇죠? 그리고 그 마음을 담고 있는 이 "몸"이라는 그릇이 있어요. 그래서 결국 마음이 지극의 상태에 들어가는 것인데, 어떤 의미에서 그 지극의 상태에 들어가기 위해서는 마음만 가지고는 되지 않아요. 몸을 가지고 있기 때문에 몸이 요지부동한 정지의 상태에 들어 있어야 하고, 또 몸과 정신 사이에 호흡이 있어서 호흡은 계속 들락날락 숨을 쉽니다. 또 그 숨도 지극의 상태에 접근되어 있지 않고서는 우리의 지극한 마음 상태를 얻을 수가 없어요. 결국은 정신이 독립적으로 있지 않고 그 밑에 호흡이 숨쉬고 있고, 그 밑에는 몸이 지탱하고 있고, 또 몸 밑에는 뭐가 있습니까? 몸 그 밑에는 환경과 공간(空間)이 있지요. 공간(空間)과 환경 위에 모든 것이 차근차근 얹

혀 있어요. 그래서 가장 밑바닥이 되는 요소부터 점검하지 않고서는 참선이라는 높은 탑을 쌓을 수가 없는 거예요.

집을 지을 때도 마찬가지예요. 기초가 부실한데 높은 집을 지으면 지을수록 위태롭고 나중에는 결국 존립하지 못하고 무너져버리는 수가 있잖아요? 사다리로 말하자면 차근차근 단계적으로 딛고 올라가면 편한데 저기 높은 곳을 오르는데 사다리가 없다고 합시다. 감히 꿈을 꿀 수 없어요. 특별히 뛰어난 사람이 아니고서는 그 높은 데를 오를 수가 없죠? 목적지에 도달하기 위해서 사다리를 오르는 방법에 대해 이야기해드릴 거예요. 그 사다리를 통해서 우리가 어떻게 공부를 해야 하는지 배우는 것이 이번 법회에서의 구체적인 이야기입니다.

세 가지 공부법

일을 하거나 공부를 하는 데 세 가지 방식이 있어요. 아마 여러분도 그 세 가지 방식에 의하여 공부도 하시고 일도 하실 거예요. 또한 가르치거나 배우는 방식도 이 세 가지입니다.

가장 우선적이고 가장 일반적으로 가르치고 배우는 방식이 "의지적인 방식"인데 "열심히 하세요!" "부지런히 하세요!"입니다. 아마 여러분도 대부분 "열심히, 부지런히"는 잘하실 겁니다. 근면과 성실이 모든 일이나 공부에 근본입니다. 그런데 그것이 없으면 안 되지만, 그것만으로 공부나 일이 다 잘되지는 않아요. 그다음 더 수준 높은 방식으로는 "간절히, 사무치게, 정성스럽게!" 하는 것인데 그 방식을 "감성적인 방식"이라고 합니다.

여러분께서도 대부분 짐작하실 거예요. 공부가 잘된다, 할 때, 기도가 잘된다, 할 때 자신들의 마음 상태가 어떠했었던가요? 본인들의 기억을 돌이켜보면 잘 알수 있을 것입니다. 아마 대부분 공부를 조금 하고 있고, 잘한다고 하면 감성적인 방식에 접근한 사람들이에요. 그리고 여러 선지식, 큰스님들이 주로 강조하고 가르치는 방식이 이것입니다. 그런데 사실은요, 그것만으로도 훌륭하지만 아주 결정적으로 중요한 방식이 하나 더 있습니다. 그것은 "지성적인 방식"입니다.

구체적으로는 공부나 일을 하면서 그 일이나 공부에 대해 "어떻게 하면 보다 더 잘할 수 있는지?" "그것이 무엇인가?"를 늘 물으면서 그 답을 찾는 노력을 해야 하며, "왜 그러한지?"에 대한 명쾌한 설명과 이해도 충분해야 합니다. "어떻게 하면 그렇게 되는가?"이고 또 하나는 "왜 그렇게 되는가?"예요. 이런 "지성적인 방식"이 동원하지 않고서는 능률이 오르기가 쉽지 않고 힘들어요. 지금 제가 하고자 하는 말은 여러분들께서 나름대로 절도 하시고, 독경도 하시고, 참선도 하고 계시겠지만, 과연 "어떻게 하는 것이 가장 바람직하게 하는 것인지?", "가장 바르게 하는 것인지?", "가장 효과적으로 하는 것인지?", "가장 원리적으로 하는 것인지?" 이런 것들에 대한 정확한 이해가 없이 오직 "열심히, 부지런히" "간절히, 사무치게" 이렇게 하고 있을 수가 있습니다. 이것은 재가 불자뿐만 아니고 제방에서 수행하고 있는 출가 수행자들도 그렇게 하고 있을 수가 있어요. 그 점이 제가 전달하고자 하는 이 법회와 이 강의의 목적입니다.

뭐라고 했죠? 의지적인 방식은 "열심히, 부지런히", 감성적인 방식은 "간절하게, 사무치게, 정성스럽게", 지성적인 방식은 "어떻게, 왜"입니다. 일이나 공부나 힘으로만 하는 것이 아니고 이치와 원리에 따라 순리적으로, 순차적으로 할 때보다 더 쉽고 용이하지 않겠습니까? 더욱이 우리 불교는 지혜의 종교이기 때문에 지성과 이성이 동원되지 않는 방식은 사실은 비불교적이에요. 이것을 여기 앉아 계신 모든 분께서는 충분히 이해하시기 바랍니다. 이해되시나요?

불교수행의 종류

그래서 우리들의 최종적인 공부는 깨달음의 완성인 마음을 소재로 하는 참선공부인데 그 마음이 독립적으로, 별도로, 홀로 존재한다면 그 마음공부만 하면 되겠지만 몸에 바탕을 두고 호흡에 의존하고 있으며 더 외곽에는 공간(空間)과 환경을 떠나 있지 않으니, 마음, 참선수행 공부와 호흡, 독송수행 공부와 몸, 절, 예배(禮拜)수행 공부와 환경, 정리수행 공부를 주제로 이야기하려고 합니다.

인쇄물을 보시면 수행의 종류가 있죠? 그 종류에는 "조심(調心)"마음으로 되어 있고, 참선수행으로 되어 있죠? 이것은 불교적인 방식으로 얘기하는 것인데, 세상적인 방식으로는 명상, 마인드 컨트롤, 정신 통일 등, 이런 것들이 다 확대된 얘기입니다. 그리고 "조식(調息)"은 무엇입니까? 호흡이고, 불교적인 방식으로 하는 것이 독송수행입니다. 세상적으로는 단전호흡, 동작까지 포함되어 있는 기공, 이런 것이 다 들어갑니다.

"조신(調身)"은 몸공부입니다. 불교적으로는 예배(禮拜)수행이고 절수행입니다. 일반적으로는 요가, 기공, 일반적인 운동까지 포함되는 것이지요. 여기까지는 우리가 고전적으로 이야기하는 것입니다. 우리의 구조가 신(身), 구(口), 의(意) 세가지 요소를 갖추고 있고, 세가지 행위를 통해 업(業)을 짓기도 하고, 그 행위를 통해 업(業)을 닦기도 하기 때문에 그렇습니다. 업(業)을 지을 때는 삼업(業)이 되는 것이고, 업을 닦을 때는 삼밀(密)이 되는 거예요. 그래서 이것은 업(業)을 닦는 방법에 대한 얘기가 되겠습니다.

그런데 제가 자세히 보니 하나를 더 추가해야 할 것이 있는데 그것은 "조경(調景)" 공간(空間)과 환경입니다. 정리수행이고 세상적으로는 풍수지리나 인테리어 풍수, 설계 배치 등이겠지요.

불교수행의 순서

이런 여러 가지 수행들이 있는데 그럼, 수행을 어떻게 하는 것이 옳은 것일까요? 세상에도 순서가 있듯이 수행에도 순서가 있겠죠? 거기에는 "외부적인 것에서 내면적인 것으로!"라는 순서가 있습니다. 그러면 우리가 존재하는 데 외부적인 것이 무엇일까요? 공간(空間)과 환경입니다. 공간(空間)과 환경부터 정리정돈하고, 그다음에 몸에 관해서 관심을 가지면서 몸수행을 하는 것이고, 또 몸보다 더 내면적인 호흡을 하는 것이고, 호흡보다 더 내면 핵심적 수행인 마음수행, 이렇게 하는 것입니다. 순차적으로 해야겠죠? 여러분들은 어떤 계획서를 가지고 어떻게 공부하는지 모르겠어요. 물론 인연에 따라 그때그때 충실하시겠지만, '총체적인 계획이 무엇인가?', '시작과 끝은 어떤 과정을 통해서 구성되어 있는가?' 이런 것들을 알고 접근하시면 좋겠습니다. 호흡은 어떻습니까? 호흡은 인지가 조금 더 되지요? 몸은 더 구체적으로 인지가 되고요. 그럼 환경은 어떻습니까? 보다 더 구체적이고 객관적이지요? 그래서 인지하기 쉬운 것부터 해야 합니다. 눈에 보이고 손에 잡히는 것부터 눈에 보이지 않는 쪽으로 차근차근 접근해야 됩니다. 이것이 이치적이고, 순리적이고, 지성적인 방식이에요.

그다음에 예배(禮拜)수행인데 동작을 통해서 합니다. 동작하는 수행에서 동작 없는 쪽으로 나아갑니다. 여러분은 참선할 때 어떻습니까? 혹시 동작 없이 하지는 않나요? 깊은 수행은 그렇게 정지 상태로 하는 것입니다. 또 독송하는 방식으로 소리를 하다가, 나중에 참선할 때는 침묵 속에서 하죠? 이런 식으로 발전하는 겁니다.

또 마음은 어떻습니까? 마음이란 것은 생각을 통해

서 하다가, 생각 없는 상태로 넘어가는 것입니다. 이런 순차적인 과정 없이는 공부에 발전이 없는 것이죠.

　속도 면에서는 어떻습니까? 빠른 속도에서 더 느린 속도로 진행하며 공부가 깊어집니다. 그러니 여러분 스스로가 잘 판단하셔야 합니다. 지금 내 상태가 어떤 상태이고, 내가 어느 쪽을 지향하고 있는지, 또 생각에서도 여러 가지 생각을 하는 것, 많이 생각하는 것에서 적게 단순하게 생각하고, 그리고는 그 생각도 나중에는 없어지는 무념의 상태로 들어간다는 것. 이렇게 이해하시면 좋겠고요.

조경(調景), 정리수행

　오늘 주제는 '조경(調景), 환경, 정리수행을 어떻게 할 것이냐?'입니다. 네 차례에 걸쳐 차근차근 나누어 설명할 것입니다. 다음 종이를 보십시오. 정리수행에 대한 것. 조심(調心), 조식(調息), 조신(調身) 이것은 기존에 있었던 방식을 제가 다시 부연해서 설명한 것이고, 조경(調景)은 사실, 기존에 있는 방식은 아니에요. 기존에 있는 방식은 아닌데 제가 세밀히 관찰보니까 환경 정리 없이 공부한다는 것은 사실은 바람직하지 않은 방식이고 되지 않는 방식인 것입니다.

　'왜 환경 정리가 중요한 것인가?' 이런 얘기를 하겠습니다. 그러면 정리란 것은 정리정돈을 이야기하는 말이겠지요. 더 풀어서 말하면, 우리 공간(空間)은 정리정돈만 가지고는 안 되는 것입니다. 선행해서 청소가 우선되어야 합니다. 정확히는 청소하고 정리정돈 하는 것이 자기가 머무는 공간(空間), 우리가 존재하는 공간(空間)과 환경을 바르게 하는 것입니다. 그러면 청소는 어떻게 하는 것인가요? 청소는 결국 쓸기와 닦기입니다. 이걸 평소에 '얼마나, 어느 정도 하느냐?' 하는 것은 여러분들의 상황에 따라 하시겠지만, 아무튼 바람직하게 환경이 관리되기 위해서는 의지적이고 감성적으로 열심히, 부지런히, 정성스럽게 하여야 합니다. 그다음 정리정돈해야 합니다. 청소는 쓸기, 닦기를 부지런히, 열심히, 정성스럽게 하는 것이니, 청소는 그래도 쉽습니다. 그런데 정리정돈은 '어떻게 하는 것이며 왜 그렇게 하는가?'는 머리를 쓰는 지성적인 방식이 아니고는 불가능합니다. '어떻게 하는 것인가?'에 대한 원리와 방식을 모르면 그때그때 적당히 하고 말 수가 있어요.

그 이야기를 한번 해 보겠습니다. 정리정돈의 원칙

이 있는데 그냥 보기 좋은 것은 별로 의미가 없어요. 어떤 것은 보기만 하는 물건이 있기도 하지만, 사용하는 물건일 경우에는 쓰기가 좋아야 해요. 쓰기 편리하도록 배치되어야 합니다. 사실은 편리하게 한다는 것에는 합리적인 생각이 있어야 됩니다. 합리적인 생각은 사람들을 편리하게 합니다. 그리고 그 합리는 사실 진리에 근거합니다. 생활 형태적으로는 편리고, 이론적인 배경은 합리고, 그 뿌리와 그 근본은 진리입니다. 진리란 것이 공허한 이론과 사상으로만 있으면 안 되고, 우리 실생활에 바로 적용해서 유익과 편리를 갖다줘야 해요. 생활에 기쁨과 행복을 갖다주는 것이 진리고 합리고 편리입니다. 이런 것들을 같이 아셨으면 좋겠습니다.

여러분들 어디서 일을 하든지, 특히 공부할 때는 더 내 주변적인 상황이 어떤가 살펴보아야 합니다. 생활적인 것도 마찬가지입니다. 일상생활에서도 내 주변 상황이 어떤지 살피는 것이 공부의 1번입니다. 그리고 바른 생활과 바른 인생의 1번지라고 할 수 있어요.

　여러분들, 지금 일단 지금 자기 주변 상태를 한번 점검해 보십시오! 자기 주변 상태가 바람직한가? 한번 살펴보세요! 결국 우리의 삶이란 것은 그 주관자의 의식적, 무의식적 생각에 의해서 행위를 하고, 행위의 결과로 나온 것이 본인들의 생활이고 환경입니다. 그렇죠? 그렇기 때문에 그 사람의 마음 상태, 의식의 상태는 모른다 하더라도 그 사람 행동하는 것을 보면 알 수 있고, 또 그 사람 사는 모습을 보면 더 잘 알 수가 있죠. 보여지는 모든 모습은 우리 내면의 그림자입니다. 결국은 우리가 마음공부를 하고, 바른 마음, 바른 정신을 갖춰야 하는 것입니다. 행동이나 사는 모습이 바람직하지 않으면 그건 바른 상태가 아니겠지요. 자신을 점검하는 점검표입니다! 본인들이 주관하는 공간(空間)을 어떻게 관리하고 어떻게 유지하고 있느냐?는 본인이 지금 어떤 정신과 어떤 마음 상태로 사는가?에 대한 결과표이고 바로 성적표예요. 그건 자신만이 평가하는 것이 아니라 누구나 눈이 있고 생각이 있으면 평가할 수 있는 공정한 평가법이니까 그 점을 잘 유념하셔야 합니다. 그리고 결국 무엇입니까? 우리가 마음공부, 마음공부 하는 데 마음공부의 최종적인 도착지가 어딘지 아세요? 마음만 편하고 행복하게 살 수 있나요? 뭔가 역할을 맡아 활동하면서 다루고 갖추며 사는 것이 인생이잖아요? 그러면 그 결과적인 내용이 부실하고 거기까지 생각이 못 미치면 충분히 제대로 인생을 살지 못한 것이고 마음공부를 통해서 최종적으로 해야 할 공부를 못한 것이 됩니다. 그래서 불교에는 소승불교가 있고, 대승불교가 있고, 초기불교가 있으며 나중에 발전된 불교가 있는 거예요.

초기불교는 개인의 마음의 평화, 이것이 최우선이

었어요. 그런데 마음이란 것이 독립적으로 존재하지 않고 개인적으로 존재하지 않고, 사회적으로 연결되어 있고, 또 몸이 자가발전하는 것이 아니라, 외부물질을 수급 받으면서 생존하기 때문에 물질적인 상태까지 고려하지 않고서는 우리의 완전한 행복과 인간의 존재가 있지 않다, 이런 사상으로 발전하죠. 그래서 초기불교 이후 대승불교는 목표가 성불(成佛), 도생(度生), 국토완성(國土完成) 세 가지로 늘어나요.

성불(成佛)은 자기 완성인 마음의 평화를 우선적으로 하고, 또 더불어 사는 구성원들, 여러 주변의 사람들이 함께 성숙해져야 해요. 그래서 도생(度生)이라는 주제가 설정되고, 또 우리가 몸 자체만으로 사는 것이 아니라, 공간(空間)과 에너지적인 물질 요소들이 있어야 되기 때문에 환경 완성이 안 되고, 생존 문제가 해결되지 않으면 안 되기 때문에 국토완성(國土完成)이라는 또 다른 명제가 생깁니다. 그래서 성불

(成佛), 도생(度生), 국토완성(國土完成)이라는 큰
주제로 확대 됩니다.

　국토완성(國土完成)이란 결국 환경완성입니다. 살
기 편한 세상, 공간(空間)을 만드는 거예요. 여기까
지 얘기하면 환경이나 우리가 사는 공간(空間)의 관
리유지가 얼마나 필요한지 이해가 되시죠? 그것이 내
마음 상태의 투영이기 때문에 유념해서 보셔야 합니
다. 그리고 또 하나, 우리 마음은 형태가 없습니다. 예
를 들어 이 물을 보더라도 물이 형태가 없기 때문에
그릇 모양에 따라 물의 모양이 결정이 되죠? 그럼 어
떤 그릇에 물을 담느냐?에 따라 물 모양이 결정되듯
이 우리의 의식과 우리의 마음 상태가 어떤 환경에 있
느냐?에 따라 그 모양이 만들어지는 거예요. 그리고
더 내밀한 몸의 자세에 따라 또 모양이 만들어지고 호
흡의 상태나 생각의 상태에 따라서 마음이 만들어지
면서 이런 여러 가지 복합적인 요소들이 마음에 작용

을 하고 있습니다. 결국 우리의 외부적인 것은 모두 우리들의 마음 상태를 위해 있는 겁니다. 좋은 마음 상태를 위해서 모든 것이 잘 구성되어 있고 잘 동원되어 있고 또한 잘 갖춰져야 돼요. 그래서 바람직한 마음 상태를 위해서 외부적으로 바람직한 환경 상태가 가장 외곽적인, 우선적인 조건이라는 거예요.

그리고 또 하나, 최소한 공부할 때 어떤 환경 상태를 만들어야 되는가? 우리 존재의 얼굴을 한번 보십시오. 지금 정리정돈이 주제인데요, 보이지 않는 중심선이 있습니다. 하나짜리는 가운데 붙어 있고, 두 개짜리는 좌우 대칭적으로 붙어 있고 그 이상은 없어요. 공간(空間)을 구성할 때, 공부하는 공간(空間)을 만들 때 공간(空間)에 자리를 펼 거 아니에요? 그러면 그 공간(空間)의 중앙에 딱 위치해야 되고요, 그 주변적인 물건 배치는 하나는 중앙에, 두 개는 좌우 대칭적으로 놓아서 좌우 대칭과 밸런스를 잘 맞추면서

중심적인 내용에 딱 마음을 담고 있어야 됩니다. 이해
되시나요? 이해되시죠? 지금 계신 상태를 한 번 볼까
요? 중심적인 물건이 가운데 있고, 주변적인 물건들이
대칭적으로 놓여 있는가?를 한번 보십시오. 그리고 앞
에 있는 불단도 한번 보세요. 불단도 원래는 그 원리
와 구조로 배치합니다. 하나부터 열까지 제대로 정확
하게 한다면 항상 중심과 대칭을 기초로 해서 모든 것
을 다 배치하고 설치합니다. 이해되십니까?

불자님들은 크게 둘로 나눌 수 있습니다. 재가자와 출
가자가 있어요. 재가자는 저 밑에 국토완성(國土完成)
이란 소재부터 본인들이 감당하면서 올라가는 방식이
에요. 그런데 출가자는 어떻습니까? 그건 우선 내버
려두고 공부부터 하고 있는 입장이죠. 여러분들은 생
존의 문제를 우선 해결하면서, 또 일상적인 생활을 하
면서 공부를 하죠? 공부하는 데 굉장히 힘이 듭니다.
그런데 스님들은 생존의 문제는 이미 보장을 받고 혜

택을 주면서 공부만 하도록 하니까 사실은 더 쉽지요. 여러분들은 그런 여건이 아니어서 더 힘드시겠지만, 그래도 순차적으로 하시다 보면 반드시 이런 것들을 감당할 수 있으리라고 봅니다.

이쯤 했는데요, 혹시 질문이나 궁금한 것이 있으시면 질문하시기 바랍니다.

아, 그러십니까? 제가 이야기 하나 해드릴게요. 저하고 인연이 되면 바른 공부를 하게 하기 위해서 제가 환경적인 것부터 점검하고 조정해드립니다. 얼마 전에 제가 서울에 올 일이 있어 광주를 경유해서 왔는데 그분, 나름대로 공부하신 분이에요. 지장경을 매일 두시간 이상 독송하고 있으니까 공부하는 분이지요. 그곳에서 하룻밤을 머물게 됐어요. 공부하는 상황을 좀 보고 싶어서 "공부하는 것을 좀 봐도 됩니까?" 했더니 "예, 괜찮습니다. 보세요" 해서 보니까 이게 공부하는 방이 아니에요. 창고에 가까울 정도로 옷가지나 생활용품이 널려 있어, 공부한다는 마음은 기특한데 정말로 기초가 안 된 상태에서 정신을 집중하고 통일하는 것이 힘들겠다는 생각이 들어 제가 그 시간부로 바로 정리를 해드렸어요. 새벽 5시부터 해서 오전 10시까지.

법당같이 단순한 곳은 괜찮습니다. 일차 방정식은 괜찮은데 다양한 물건이 다채롭게 있을 때는 굉장히 복잡해요. 방정식으로 말하면 이차, 삼차 방정식이 되어서 여러분이 쉽게 풀 수가 없어요. 면이 반듯한 것도 아니고 틀어져 있고 다른 형태가 있을 때는 굉장히 어렵습니다.

여러분들이 부처님 공부를 하고 보면 그런 것이 보여요. 옛날에 공부한 큰스님들은 풍수지리를 다 하셨잖아요? 그것은 결국 좌향(坐向)입니다. '어디에 앉고 어느 쪽을 향할 것인가?', '물건을 어떻게 배치할 것인가?' 이런 것이 보이는 거예요. 현대 생활로 들어

가서 인테리어 풍수라 해가지고 생활공간(空間)을 어떻게 구성하고 배치할 것인지 다 보입니다. 혹시 나중에 기회가 되면 그런 상황도 있을지 모르겠지만, 자기가 쓰는 공간(空間)의 정리정돈을 좀 더 유념해서 정확히 하시고 특히 공부방은 불필요한 물건들을 잘 정리하기를 권합니다. 있는 물건이라도 제대로 배치해서 마음이 딱 집중되도록 하십시오. 마음이 집중되는 방법은 딱 한 지입니다. 자주 쓰는 중요한 물건은 가운데 놓는 거예요. 그리고 나머지 물건들을 놓을 때에는 좌우 대칭적으로, 이 방법만 제대로 성의껏 하면 기본적인 틀은 잡히는 거니까, 그 점을 유념해서 잘 참고하시면 좋겠습니다.

자, 그러면 다시 정리하겠습니다. 오늘 주제는 자기의 마음 상태, 자기의 생각 상태, 자기의 사고방식에 입각해서 구체적인 행위를 통해서 나오는 것이 생활과 환경이다. 자기가 객관적으로 그 상태를 보면 자기 마음 상태를 보는 것과 같은 결과이기 때문에 환경을 보면서 스스로 평가를 해야 되고, 평가가 됐으면 좋은 것은 유지하고 불필요하고 바람직하지 않은 것은 제거해서 정리 하는 것이죠! 또 하나, 우리 마음이란 것은 형체가 없는 것이라 어떤 구조물 속에 들어가느냐에 따라 마음 상태가 만들어지기 때문에 좋은 환경을 만드는 것이 가장 우선적인 조건이고 고정적인 조건이라는 것이죠. 이것만 기억하시면 좋을 것 같습니다. 구체적인 자기 공간(空間)적인 상황은 본인이 잘 판단하세요. 청소, 정리를 기초로 하시고, 그다음 정리정돈의 원칙은 그 공간(空間)의 중심적인 선을 먼저 찾고 중심적인 소재인 하나짜리는 가운데 놓고, 보조적으로 놓아야 할 물건들을 좌우 대칭적으로 놓는 것이 정리수행의 기초 원리입니다. 이것이 일차 방정식 원리인데 다양한 물건들이 섞이고 형체가 복잡하면 방정식이 높아집니다만, 아무튼 일차 방정식을 충실 하면서 노력하면 풀 수 있는 능력들이 나옵니다. 그러니 그렇게 짐작하시고 공부할 때는 물론 말할 것도 없고, 일상생활 중에서도 여러분들이 환경 정리를 공부로 삼으셔야 돼요. 가장 먼저 공부로… 이해되시나요? 그럼 그렇게 이해하시고 오늘 법문을 마치겠습니다.

환경과 의식

앞 시간에 환경 공부 이야기를 했었죠? 우리의 정신이 바르게 되려면 그 정신을 담고 있는 몸과 자세가 바르게 되어야 하고 또 몸을 담고 있는 환경과 공간(空間)이 잘 정리되어야 합니다, 정돈되지 않고서는 안 돼요. 또 바른 정신을 가진 사람은 거기에 걸맞게 바른 생각을 하고 바른 말을 하며 바른 행동을 하고 바른 생활을 해서 바른 환경을 만드는 것이 공부인의 자세이고 목표입니다. 거기까지 해야 개인완성의 공부인 것입니다. 생각만 화려하고 말만 풍부한 것으로는 충분치 않습니다. 그래서 정신, 사고방식으로부터 몸의 행동 방식과 물질 공간(空間)의 생활환경 방식까지를 우리들 삶의 목표로 삼아야 한다는 것이 지속된 이야기였습니다.

하지만 공부하는 사람의 공부 순서로는 우선 눈에 보이고 잡히는 소재부터 하기로 했죠? 그래서 '앉은 자리 환경 정리'가 공부에서는 보다 더 우선적이고 필수이지만 일상생활과 보통의 삶에서도 기본입니다. 그렇지 않습니까? 동감하세요?

본인들의 주변이 바람직한 환경 상태가 되었는지 한번 살펴보세요. 먼저 물건들이 보기 좋게 놓아져 있는지, 쓰기 좋게 놓아져 있는지? 스스로도 보기 좋아야 되고 옆에 사람이 볼 때도 보기 좋아야 합니다. 어디 한번 점검해 보세요. 환경 정리가 안 되면 저는 공부를 진행하지 않습니다. 다들 잘되었습니까? 자 보세요. 우리 얼굴 생긴 방식대로 하시면 됩니다. 보이지 않는 중심선이 딱 있고, 하나짜리는 그 중앙에 있죠? 입도 가운데, 코도 가운데, 두 개짜리는 좌우 대칭적으로 두 개씩 딱 배치되어 있어요. 이게 우주의 질서, 기본 배치 원리입니다. 자, 다들 잘 아셨어요?

부처님을 모신 불단을 보세요. 원리 원칙적으로 중심과 대칭을 통해 중앙 정렬식으로 배치하는 겁니다. 하나짜리는 가운데, 좌우는 양쪽에 대칭적으로 나란히, 이게 우주의 가장 보기 좋은 구조 방식이니까 이 방식을 잘 기억하고, 어디서든지 그걸 적용하세요. 그런데 이런 단순한 것은 쉬운데 생활환경은 여러 가지 종류와 형태들이 다른 것이기 때문에 이제 방정식이 좀 복잡할 것입니다. 일차 방정식보다 이차, 삼차 방정식은 머리가 좀 아프지만 그건 쉬운 것부터 계속 풀다 보면 답이 나와요. 저는 이제 무엇이든 딱 보면 그것을 다 풀 수 있습니다.

자 이제 주변의 환경 정리가 다 된 걸로 전제하고 그다음에 뭐죠? 몸가짐입니다. 자신의 몸가짐을 한번 살펴보세요. 몸가짐에서 가장 외부적인 것이 옷이고 옷차림입니다. 자, 잘 살펴보세요. 옷차림이 공부인의 자세로 잘되어 있는지. 예를 들어서 단추가 있으면 가

능하면 잠그는 것이 좋고요, 부득이하게 풀어야 하시
면 벗어서 다른 곳에 두시든지.

  자, 다 된 걸로 하시고 한번 봅시다.

불교의 눈

사람에 비유할 때 얼굴을 보고 눈을 봐야 그 사람을 정확히 보는 것 아닐까요? 사람의 여러 모습도 있지만 정확히 최종적으로 핵심은 눈이지 않나요? 눈을 보지 않고서 그 사람을 봤다고 할 수는 없겠죠? 오늘 이야기는 불교에서 눈이 무엇이냐?, 불교의 핵심이 무엇이냐? 입니다.

불교공부가 엄청 많죠? 불교공부 하려면 어디서부터 어떻게 둘러보아야 불교를 제대로 보는 것인지?, 어디서부터 보아야 되는 것인지? 이게 아주 막막할 거예요. 정말, 초보자들은 더 그럴 거고 혹시 여기 계신 분들도 이제 겨우 불교에 들어왔는데 어디서부터 훑어봐야 되고 어떻게 공부해야 할지 전혀 감이 안 잡혀서 막막할 수 있고, 또 한다고 하지만 지금 그 공부가 전체적인 면에서 어디에 있는 것인지 모르니 자신이 없기도 할 것입니다. 그렇지 않나요?

오늘은 무슨 얘기인가 하면은 불교라는 큰 몸이 있는데 그중에서도 핵심인 눈을 보는 것이 뭔가? 하는 것입니다. 불교에서 눈을 보는 공부가 뭐냐면요, 바로 참선공부입니다. 눈을 보지 않고서는 그 사람을 봤다고 할 수 없듯이, 참선공부를 하지 않고서는 불교의 눈을, 불교의 핵심을 알 수가 없는 겁니다. 아시겠습니까?

부 처 : 깨달은 자!

오늘 지금 그 이야기를 할 겁니다. 눈을 보는 공부 이야기를 할 건데 자, 불교는 크게 두 가지 공부길이 있습니다. 어떻게 두 가지가 있는가? 그 근원은, 부처님을 정의하는 데 있습니다. 부처님을 어떻게 정의하느냐에 따라서 그 길이 달라지는데, 하나가 부처님은 "깨달으신 분"이다, 이렇게 정의하는 방식이 있어요.

여러분들도 대부분 그렇게 알고 계시죠? 그런데 '깨달으신 분'으로 부처님을 다 이해할 수 있나요? 그것으로 모든 것이 해결이 되나요? 정말로 부처님에 대한 답을 정말로 뿌리 깊게 얻으려고 할 때는 "부처님은 깨달으신 분이다!" 하고 끝낼 수는 없습니다. 부처님은 깨달으신 분이다, 하더라도 또다시 의문을 품어야 됩니다.

어떻게 품어야 하느냐? '부처님은 무엇을 깨달셨을까?' 해야 됩니다. 그렇지 않고서는 부처님을 정확히 이해할 수가 없습니다. 무슨 이야기인지 아시겠어요? 그러면 지금부터는 '부처님은 무엇을 깨달았다는 것인가?'로 질문을 더 파고들어 보겠습니다.

보통 우리들은 부처님은 무엇을 깨달았다고 하죠? 추상적이고 포괄적으로는 '진리를 깨달으셨다' 하는데 진리의 구체적인 내용을 알 수가 있나요? 부처님의 말씀을 통해 알려고 하다 보니 교리적으로, 교학적으로 접근해야 하고 그러니 경전과 강의를 통해 부처님의 가르침을 공부합니다. 공부하면서 연기법, 사성제, 십이연기, 고, 공, 무상, 무아 등 여러분들 많이 들어보셨죠? 그렇게 여러 가지를 많이 깨달으신 겁니다. 여러분, 부처님이 다각도로 여러 가지 깨달으신 것을 구구하게 다 말하기 어려우니 두리뭉실하게 진리를 깨달았다고 정의를 해버리는 것입니다. 그러면 진리를 연기법, 사성제, 이렇게 나간다는 거예요. 그런 방식의 공부를 교학이라 합니다. 그래서 교학은 머리로 이해하며 철학적으로, 사변적으로 나갑니다. 그러기에 부처님께서 하셨던 말들을 다 읽어 보아야 합니다. 즉, 경전을 봐야 되고 또 경전으로도 부족하니까 논장도 봐야 되고… 그러니까 삼장을 다 봐야 합니다. 이것은 마치 눈 감은 사람, 장님에게 수많은 정보를 전해 주면서 보이지 않는 길을 바르게 걸어가도록 안내하는 방식과 같습니다.

부처 : 깨어 있는 자!

그런데 또 하나의 다른 길이 있어요. 그 길은 어떤 길일까요? 부처님을 '어떻게 정의하며 접근하는가?' 에 따라 달라지는 길인데, 그 정의는 '부처님'은 눈 뜬 분, 깨어 있는 분으로 정의하는 방식이에요. 불교 사전 에 부처님의 정의가 '깨달으신 분'입니다. 이것만 있으 신 게 아니에요. 부처님은 "깨어 있는 분"이라는 말도 있어요. 또 다른 말로 "눈 뜬 분"이다, 이런 말도 있죠. 부처님에 대한 정의가 조금 달라요. "깨달음"과 "깨어 있음"은 비슷한 듯하지만 말이 다르죠? 모르는 사람 들은 그것이 그것 아닌가? 하기도 하는 데 눈이 좀 밝 은 사람은 금방 구별합니다.

그런데 "깨어 있다" "눈 떴다"하면, 그것으로 부처님 에 대한 정의나 설명이 다 끝날 일은 아니지요. 또 정말 속 시원하게 부처님에 대한 내용을 알려고 하면은 '어떻게 하고 있는 것이 깨어 있는 것인가?' '어떻게 하고 있는 것이 눈 뜨고 있는 것인가?' 이렇게 질문이 나가야 합니다. 그럼 그것을 보다 더 실질적으로 이해하기 위해서는 어떻게 해야 할까요? 그 상황을 보다 더 자세히 알려고 할 때는 생각이나 말이 필요 없이, 행동으로 나아가야 하고 행동으로 접근해야 되는 것이지요. 즉, 수행으로 나아가고 수행으로 접근하여야 됩니다. 수행으로 나아가 그 길로 계속 파고드는 것이 참선입니다.

불교엔 큰 문이 두 개가 있습니다. 교학(敎學)과 선학(禪學), 이렇게 구별된다는 사실을 정확하고 바르게 아셔야 됩니다. 교학은 눈을 아직 못 뜬 사람이 눈 뜬 사람의 지시나 정보를 듣고 앞으로 나아가는 것과 같습니다. 눈으로 직접 보지 못하고 듣고 행하는 방식의 수행자이기 때문에 성문승이라고 합니다. 소리 '성(聲)'

자, 들을 '문(聞)'자. 부처님의 법문, 가르침을 들으며 나아가는 수행자라는 뜻이지요. 지금은 경전적 글로 대신하거나 선지식의 법문을 통해 전달받는 방식입니다. 그래서 귀를 통해서 성인의 말씀을 듣고 바른 삶의 길을 가는 방식이에요. 아직 눈을 못 뜬 겁니다. 이것은, 눈 감은 사람이 이렇게 정보를 가지고 가는 방식과 같습니다.

그럼, 선(禪)은 무엇이냐? 감았던 눈을 떠버리는 것입니다. 감았던 눈을 뜨면 어떻겠습니까? 눈을 뜨지 않았을 때는 깜깜한 밤과 같았다면, 눈을 뜨면 환한 대낮 같겠죠? 그러니 눈에 보이는 것이 그 얼마나 많겠습니까? 고개만 돌리면 보이는 것이 많으니 눈 감은 사람들에게 전해야 할 말이 얼마나 많겠어요? 자, 그러니 눈을 뜨면 앎은 저절로 얻어지고 생기는 것이 아닐까요? 결국, 이 "깨달음"이란 것은, "눈 뜬 사람"이, "깨어 있는 사람"이 알아지는 "모든 앎"이 "깨달음"

입니다. 교학은 눈 감은 사람들이 천 번 만 번, 이 말 저 말 듣고 주워 담아서 그림 조각 맞추듯 겨우 삶의 길을 찾아가는 데 반하여, 선학은 눈을 뜨면 한눈에 전체가 들어오고 고개만 돌리면 다 알 수 있으니 살아가는 것이 얼마나 자유롭고 활발하겠습니까? 자기가 스스로 판단하고, 자기 스스로의 길을 자신 있게, 자유롭게, 당당하게 가는 겁니다. 그래서 선과 교가, 선학과 교학이 차이가 나는 것입니다. 하늘과 땅만큼 차이가 난다고 할 정도로 그 차이가 큽니다. 여러분께서도 지금 불교공부를 나름대로 하시겠지만, 과연 선(禪)과 교(敎)의 차이를 정확하게 알고 있으신지, 보다 더 근본적으로 불교를 알기 위해서, 해탈과 자유의 불교적 목표를 달성하기 위해서 선(禪)에 대한 관심과 노력을 하고 계신지?를 조금 살펴보아야 합니다. 아시겠습니까?

선(禪)과 교(敎)의 차이가 있다는 것을 바르게 아

셔야 되고, 그만큼 불교에 근본 문제, 인생의 근본 문제를 해결하는 데 힘이 있다는 사실을 정확히 아셔야합니다. 아셨지요? 이제 불교의 선에 대한 이야기를 본격적으로 하겠습니다.

삼학 (三學)

부처님 당시 승려들은 마을에 가서 탁발하고 부처님께 설법을 듣는 때를 제외한 나머지 시간은 대부분 수행하는 시간으로 사용했어요. 대부분 참선하는 시간이었습니다. 왜냐하면 부처님 당시에는 출가수행자들이 해야 할 공부에는 계(戒), 정(定), 혜(慧) 삼학(三學)이 전부였어요.

그런데 생활과 일상을 함께 살아가면서 유념해야할 지침으로는 팔정도(八正道)가 되었고, 사회적인 관계와 물질까지 확대하니 육바라밀(六波羅蜜)을 이야기합니다. 사회생활이나 일상생활을 모두 포기하고 오직 공부만을 하려고 할 때는 삼학(三學)을 했습니다. 그러니 출가자들은 삼학(三學)만 했지 다른 것은 없었어요. 여러분들은 삼학(三學)을 해야 되지만 사회생활, 일상생활을 함께하는 재가자들이기 때문에 육바라밀(六波羅蜜)적으로 확대되고 팔정도(八正道)적으로 확대되어 있어 온전히 삼학(三學)을 하기엔 어려울 것입니다. 삼학(三學)과 팔정도(八正道)와 육바라밀(六波羅蜜)이 구별되고 이해되시나요? 순수하게 공부만으로는 삼학(三學)입니다. 이 삼학(三學)을 제대로 알고, 제대로 공부하면 불교공부를 끝낼 수 있어요. 아시겠습니까?

자! 삼학(三學)은 세 가지 공부인데, 그 세 가지는 계학(戒學), 정학(定學), 혜학(慧學)입니다.

계 학 (戒學)

외연차단, 내면관심

계학(戒學)은 무엇일까요? 나와 상대에게 부도덕한 일, 불필요한 일을 하지 않는 것이지만, 이것은 확대된 상황에서의 이야기입니다. 공부하고 참선하는데 주변 사람들하고 관계하는 것이 좋겠어요? 관계하지 않는 것이 좋겠어요? 결국은 관계를 끊는 것이 최선입니다. 물론 관심하지 않는 것이 가장 최선이겠지요.

즉, 계학(戒學)은 외부의 대상과 관계하지 않고 관심하지 않는 공부입니다. 밖으로 향하는 모든 관심과 관계를 모두 끊는 것이 공부의 시작이며 계의 시작입니다. 그 목적이 무엇일까요? 결국 관심을 자신에게로 돌리는 것입니다. 자신의 내면으로, 자신의 마음 쪽으로 돌리는 것이 최종적인 계학(戒學)의 완성입니다. 관심을 내면으로 돌리면 도덕적이고 번다한 여러 가지 계가 자연히 지켜집니다. 외부적으로 출입하지 않고 동작하지 않으며 가만히, 조용히 앉아 눈을 감고 자신에 대해 관심하면 됩니다.

그러니까 여러분, 나이도 드시고 사람의 모든 일을 다 하셨으니 이제 공부가 전부이지 않겠어요? 공부를 할 때만이라도 좌정해서 눈을 딱 감으세요. 눈 감으면 뭐 혼침이 오고, 무엇이 어쩌고저쩌고 하면서 감지 말아야 한다고 하지만 제 경험상 잠자지 않는다는 전제하에 눈감고 있는 것이 관심을 밖으로 뺏기지 않는 데 가장 유리합니다. 비유를 하건대 밥을 지을 때 압력밥솥에 지은 밥과 냄비밥솥에 지은 밥이 다르듯이, 눈을 감아야 밥 지을 때 김이 한 방울도 새지 않는 압력밥솥에 지은 밥처럼 공부가 빨리 되고 제대로 됩니다.

그런데 이러한 이치를 모르고 눈을 뜨라고 하면 제 입장에서는 아닌 것 같아요. 여러분들께서 잘 판단하시고 선택하시면 됩니다.

정리하겠습니다. 참선할 때의 계학(戒學)은 외부와 관계를 끊고, 외부적으로 관심하지 않으며, 조용히 좌정하고 눈 감고 앉아 자신의 내면으로 관심하는 것입니다.

정 학 (定學)

마음 모으기

그다음엔 정학(定學)입니다. 밖으로 관계나 관심하지 않고 그 관심을 안으로 돌이키는 것이 계학(戒學)이라고 했었죠? 그리고 좌정하여 눈을 감으라 했습니다. 눈을 감은 다음에 할 일은 무엇일까요? 눈 감고 하는 공부, 정학(定學)입니다. 마음을 점(點)적으로 모으는 겁니다. 마음을 극미(極微)적으로 모으기 위한 방법은 면(面)적인 소재를 보는 것과, 선(禪)적인 소재를 보는 것과 점(點)적인 소재를 보는 것으로 나눌 수 있습니다.

아무래도 점(點)적 소재를 보는 것이 마음을 모으는 데 보다 더 효과적이죠? 그래서 마음을 면(面)적인 것에서 선(禪)적인 것으로, 선(禪)적인 것에서 점(點)

적인 것으로, 점(點)적인 것에서 극미(極微)적인 것으로, 이렇게 마음을 집중하는 것이 정학(定學)의 요체입니다.

순차적으로 여러 단계가 있는데 마지막엔 극미(極微)적인 방식으로 마음이 모아져야 합니다. 남방의 표현으로는 사마타(Samatha)라고 하고, 이런 깊은 상태를 삼매라고도 합니다. 아주 미세한 것도 볼 수 있는 현미경처럼 아주 세밀하게 살필 수 있는 마음의 능력을 키우는, 터럭 하나도 놓치지 않을 정도로 아주 정미롭고 세밀한 마음의 눈을 키우는 공부입니다.

이근원통(耳根圓通)과 『능엄경』

　정학(定學)은 마음이 집중적으로 모아지는 것입니다. 마음을 모으는 공부를 하는 것 중에 가장 좋은 방법이 무엇일까요? 불교의 이치와 수행의 방법을 구체적으로 제시한 대표적인 불교 경전인 『능엄경』은 사바세계에서 깨달음의 세계로 들어가는 데 가장 쉬운 방법이 이근원통(耳根圓通)법이라고 이야기하고 있어요. 소리를 소재로 하고 듣는 능력을 동원하여 공부하는 방법이라는 의미입니다. 이근원통(耳根圓通)법이 마음을 극미(極微)의 상태로 모으는 데 가장 유리하다는 뜻입니다. 『능엄경』은 스물 다섯 가지 수행 방법을 다 나열해 놓고 귀로 소리를 들으면서 하는 공부가 가장 뛰어나다고 쓰여 있어요. 정학(定學)을 닦는 데 소리를 동원한 이근원통(耳根圓通)법을 쓰는 것이 가장 좋다는 말입니다.

제가 이제 염불선(念佛禪) 공부 이야기를 할 거예요. 염불선(念佛禪)은 참선을 하는 데 칭명염불(稱名念佛)하면서 소리에 집중하여 마음을 모으고 넓히는 작업을 통해 깨달음의 세계까지 이끌어 내는 공부입니다. 그래서 깨달음은 염불선(念佛禪)을 통하는 것이 가장 효과적입니다. 정학(定學)이 마음을 점(點)적으로 모아 나아가는 공부라고 했죠? 한번 손가락 끝과 젓가락 끝 그리고 바늘 끝을 본다고 상상해 보세요. 어디를 볼 때 마음이 더 집중되나요? 당연히 바늘 끝을 볼 때 마음이 바늘 끝처럼 더 집중되겠죠? 마찬가지로 공부를 할 때도 어떤 방법으로 어떻게 하느냐?가 중요한 변수가 됩니다. 공부의 집중도가 달라지니 공부의 성과도 달라지겠지요. 그러니 여러분들께서 잘 살펴보아야 합니다. 참선을 하더라도 나는 참선하는 공부 소재로 어떤 것을 들고 있는지를 잘 비교, 판단해 보고 바늘처럼 예민한 소재와 방법을 이용해서 공부해야 합니다. 그래야 공부가 빠르게 결판이 나

지, 무딘 것이나 무딘 방법으로 해서는 아예 안 되는
수도 있습니다.

　해가 떠 있고 돋보기와 종이가 하나씩 있다고 상상
해 봅시다. 종이 위에서 돋보기를 통해 햇빛을 모으
면 어떻게 됩니까? 햇빛의 초점을 정확하게 맞추면
그 순간부터 종이가 타기 시작합니다. 반대로 초점을
못 맞추면 어찌 될까요? 조건을 다 갖추고 있어도 방
법이 없고 옳지 않기 때문에 평생 성취하지 못할 수도
있지 않을까요?

지성(智性)적인 공부 방법

여러분! 저는 늘 공부를 하고 배우는 방식에는 세 가지가 있다고 말합니다. 하나는 의지적인 방식으로 열심히, 부지런히 하는 방식입니다. 또 하나는 감성적인 방식인데, 간절히 사무치게 정성스럽게 하는 방식이며, 마지막 하나는 지성적인 방식으로 '왜 그렇지?', '어떻게 하는 것이지?' 하며 의문을 갖는 방식입니다.

돋보기로 햇빛을 모을 때 그냥 열심히 부지런히, 간절하고 사무치게 돋보기만 들고 있는다고 종이를 태울 수 있을까요? 그냥 아무런 생각 없이 열심히, 부지런히 돋보기를 들고 있으면 됩니까? 초점이 맞춰지나요? 안 맞춰질 겁니다. 좌우로 각도를 맞추고, 높이를 맞추고 이리저리 손목을 틀어 초점을 맞춰야 비로소 종이를 태울 수 있습니다.

참선공부와 사람도 마찬가지입니다. 공부하는 요령을 모르니까 깨달음의 공부를 끝마칠 수 없는 거예요. 그 대상은 재가 불자는 말할 것도 없고, 출가 스님들도 마찬가지입니다. 이거 정말 안타까운 일이에요. 정말입니다. 제가 지금 불교수행 전반과 깨달음을 신속히 성취하는 참선공부에 대해 이야기를 하는 데 기본적인 "열심히 부지런히", "간절히 사무치게" 위에 '어떻게?', '왜?'가 있어요. 이치적이고 실증적인 방법을 이야기하는 거예요.

저는 다행히 세상에 대한 무상을 일찍 느끼고 불교를 접했고, 참선을 위해 출가해서 올바른 스승을 만났으며 부지런히, 열심히 공부를 하다 보니 자연스레 바른 공부의 길로 들어가 난관을 만날 때마다 '왜 그렇지?' '어떻게 해야 되지?'를 늘 물으면서 그 해결 방법을 찾아 스스로 그 관문을 통과하였습니다. 그런 뒤에 살펴보니, 대다수 사람들에게는 공부하는 방법과 가르치는 방식에 "열심히 부지런히" "간절히 사무치게" 하는 방식은 있는데, 지성적인 방식인 "어떻게?"와 "왜?"가 없음을 보면서 이것이 큰 문제이자 숙제라고 걱정하고 염려하며 그 길의 보완과 전달을 위해 열심히 노력하고 있습니다.

혜학 (慧學)

마음 넓히기

자, 이제는 참선의 마지막 공부인 혜학(慧學)입니다. 혜(慧)에 대한 개념은 다양합니다. 보통 혜(慧)하면 교학적인 혜(慧)의 개념을 넣어서 연기법이니, 사성제니, 하며 혜(慧)를 이야기합니다. 그러나 이는 교학적으로 확대된 혜(慧)에 대한 개념이지 계(戒), 정(定), 혜(慧), 삼학(三學)의 마음공부 차원에서의 혜(慧)는 아닙니다. 마음공부 차원에서 혜(慧)는 남방의 술어로는 '위파사나(Vipassana)'라고 하며 마음을 확대하는 공부를 말합니다. 앞에 말한 정학(定學)과는 반대죠. 정학(定學)은 마음을 축소하는 공부니까요.

마음을 확대하는 법에 대해 말씀드리겠습니다. 자,

점(點)에서 선(禪)으로, 선(禪)에서 면(面)으로, 면(面)에서 공간(空間)으로 즉, 마음을 공간(空間)적으로 확대하는 거예요. 공간(空間)이란 제한이 없는 소재이기에 무한공간(空間)이며 또 다른 말로는 우주 공간(空間)을 이야기할 수 있겠지요. 앞의 정학(定學)에서 우리의 마음을 극미(極微)의 상태로 몰아붙였다면, 지금은 극대(極大)의 상태로 확대하는 거예요. 이 세상의 근본은요, 너무너무 단순합니다. 이 근본 요소로는 음과 양, 플러스와 마이너스 밖에 없어요. 계(戒), 정(定), 혜(慧), 삼학(三學)에서도 딱 그렇습니다. 마음을 모으는 쪽과 마음을 확대하는 쪽 밖에 없어요. 이것이 정말로 순수하고 수도(修道)적인 마음공부 수행 차원의 삼학(三學)입니다.

그런데 이론적 교학자들은 관(觀)의 의미인 혜(慧)를 지혜(智慧)로 확대 해석하여 교리적인 여러 개념들을 이야기함으로써 사실과 근본을 이해하는 데 오히려 장애를 일으키게 합니다. 이 점을 잘 구별할 줄 알아야 돼요. 그래서 마음을 확대하는 겁니다. 우주 전체를 관찰하는 천체망원경같이 마음 상태를 키우는 거예요. 먼지 하나도 따질 정도로 세밀함과 투철함이 있어야 해요. 그런데 그것만 가지고는 안 되지요. 동시에 주변과 전체를 널리 살피는 사람이 되어야지요. 세밀하다 보면 소심해지기 쉽고 반대로 대범하다 보면 사소한 것을 놓치기 쉬운데 이 두 가지 모두를 해결할 줄 아는 사람이 되어야 합니다. 즉, 극미(極微)와 극대(極大)를 다 갖는 것이 불교공부입니다.

보리방편문
(菩提方便門)

염불선(念佛禪)의 뿌리가 되는 보리방편문(菩提方便門)이라는 공부 방법이 있어요. 보리방편문(菩提方便門)이란 이름은 낯설죠? 자, 나중에 들으시면 아실 겁니다. 지금 제가 이야기하는 염불선(念佛禪)의 그 뿌리와 바탕이 바로 보리방편문(菩提方便門)입니다. 이 보리방편문(菩提方便門) 속에 공부하는 법이 들어 있어요. 그 법을 대중적으로 쉽게 일반화한 것을 염불선(念佛禪)이라 합니다.

그럼 보리방편문(菩提方便門)은 누가 만들었을까요? 근대에 금타 대화상이라는 아주 위대한 도인 스님이 계셨어요. 지금도 일반 세상에는 많이 알려져 있지 않아 유감입니다. 금타 대화상은 구한말과 일제시대를 사시다가 해방 후에 돌아가셨는데, 백양사 운문암에서 사시던 스님이셨습니다. 그 금타 대화상의 행적을 듣고 그 가르침을 적어 놓은 유고집을 청화 큰스님께서 보시고 '아! 이분이야말로 위대한 선각자구나!'라고 감탄하시며 그분의 법을 계속 공부하신 거예요. 청화 큰스님께서 대화상의 법을 이렇게 공부하신 덕분에 제가 배울 수 있었습니다. 나중에 여러분들도 기회가 있으시면 금타 대화상께서 써 놓으신 저서 『금강심론(金剛心論)』을 공부할 수 있는 기회가 있기를 바랍니다.

그 가르침에는 우리가 상상하기 어려운 내용들이 많이 들어 있습니다. 예를 들면 깊은 삼매 속에서 천체 우주를 다 관찰하시고 그 모든 상황을 과학적, 수학적 수치로 계산한 것도 있습니다. 또 앞으로 세계는 하나 되는 세계여야 한다는 뜻으로 모든 종교를 통합시키는 어떤 기준을 세우셨습니다. 서로서로 모두가

다 잘났다 하면 나도 최고다, 너도 최고다, 그러죠? 이 세상에 혼자 있을 땐 이것이 최고라 해도 맞는데 둘, 셋이 있으면 똑같은 위치에 놓고 키 재기를 해야 됩니다. 그 잣대를 딱 내놨어요. 잣대가 있으면 서로의 높낮이가 나오죠? 누가 높고 낮은지가 객관적으로 보이고 높낮이를 서로 수긍할 수밖에 없겠죠? 그러면 서로 다툴 일이 없어집니다. 그런 바른 기준을 제시하고 종교가 통일되고 종교가 일치되어 세계가 하나로 통합하되 이런 세상을 전개했습니다.

정혜쌍수
(定慧雙修)

불교에서는 공부라 하면 참선이고 계(戒), 정(定), 혜(慧), 삼학(三學)밖에 없었다는 사실을 잘 기억하시죠? 계는 바르게 앉아서 눈 감고 가만히 있으면 되는 거고, 정은 어떤 방법이든지 마음을 점(點)적, 극미(極微)적으로까지 모아 가는 겁니다. 또 혜(慧)는 뭐였죠? 마음을 확대하는 것이죠.

추가적으로 선에 대해서 말씀을 드리겠습니다. 선을 제대로 하려면 정혜쌍수(定慧雙修)를 해야 한다고 말을 합니다. 정혜쌍수(定慧雙修)란 무엇일까요? 정혜쌍수(定慧雙修)의 정혜는 계(戒), 정(定), 혜(慧)의 정(定)과 혜(慧)입니다. 아셨습니까? 마음을 극미(極微)의 상태로 축소하는 것과 마음을 극대(極大)

의 상태로 확대하는 거예요. 즉, 두 개를 동시에 하는 것이 정혜쌍수(定慧雙修)입니다. 공부법 가운데 마음을 극미(極微)의 상태로 모으고 극대(極大)로 확대하는 법이 어디 있나 생각해 봅시다. 사실 보리방편문(菩提方便門)의 염불선(念佛禪)은 이 모든 것을 다 갖추고 있어요. 보리방편문(菩提方便門)은 처음부터 마음속으로 부처님 명호를 부르게 합니다. 마음속으로 불러서 그 소리에 집중하게 합니다. 이를 이근원통(耳根圓通)이라 했죠? 거기에 집중하는 요령은 차후에 더 말씀드릴 거예요.

마음을 우주적으로 확대하는 법이 있어요. 보리방편문(菩提方便門)에 어떻게 나오는지 아시나요? 보리방편문(菩提方便門) 벽두에 "심(心)은 허공(虛空)과 등(等)할세, 편운척영(片雲隻影)이 무(無)한 광대무변(廣大無邊)한 허공(虛空)적 심계(心界)를 관(觀)하면서 청정(淸淨)법신(法身) 비로자나불(毘盧遮那佛)

을 염(念)하며~~~!"이렇게 나옵니다. '광대무변한 허공적 심계를 생각하라.' 쉽게 풀어 보자면 '넓고 크고, 한없이 넓은 무한허공을 생각하면서 부처님 이름을 불러라!' 이렇게 되어 있는 겁니다.

정혜쌍수(定慧雙修)는 여기에 다 있어요. 무한허공을 생각하는 것이 관(觀)이면서 마음 넓히는 혜(慧)입니다. 부처님의 명호를 마음속으로 부르는 것은 염(念)이면서 마음 모으는 정(定)입니다. 아까 말한 마음 넓히는 혜(慧)와 천지 우주를 한눈에 딱 투철하게 관하는 관(觀)법이 어디 있느냐?, 이 말이에요. 이 공간(空間) 전체가 대낮같이 밝아야 하고 천지우주를 밝힐 정도로 기세와 위력과 광도(光度)로 비춰야 될 것 아니겠어요? 화두선(話頭禪)에 이렇게 관찰하는 법이 구체적으로 어디 있느냐? 화두선(話頭禪)에는 마음 모으기 법이 거의 전부입니다. 다만 자기 자신을 편안히 반조하며 조용히 지켜보고 있는 정도입니다.

참선의 실질적인 공부 방법엔 정(定)과 혜(慧)라는 두 가지 법이 있는데 이 공부는 반드시 순서를 밟아야 합니다. 계(戒)를 먼저 갖춘 다음에 정(定)을 닦고, 정을 닦은 다음에 혜(慧)를 닦는 거예요. 아시겠습니까?

비유를 하나 들겠습니다. 수도꼭지에 연결된 호수의 물을 멀리 분사하려면 어떻게 해야 합니까? 수도꼭지와 연결된 호수의 끝을 꽉 쥐어야 분사하는 물이 멀리 나아가겠지요? 마음 모으는 정학(定學) 공부도 마찬가지입니다. 그렇게 정밀하고 강력하지 않고서는 마음을 펼치는 혜학(慧學)에 해당하는 분사력이 없어요. 그런데 과연 제 방에 있는 공부법 중에 혜학(慧學)에 해당하는 그런 공부가 있을까요? 요즘 대중적인 위파사나(Vipassana)는 사전에 해야 할 마음 모으기 공부인 사마타(Samatha)를 먼저 충분히 하지 않는 연고로 돌이켜 비춰보는 범위나 힘이 크고 강력하지 못한

단점이 있습니다. 그러므로 순차적으로 성실히 하면서 누적해가는 것입니다. 계학(戒學)을 완성한 후 정학(定學)을 닦고, 정학(定學)을 완성한 후 계학(戒學)과 정학(定學) 위에 혜학(慧學)을 닦는 것이 진정한 정혜쌍수(定慧雙修)며, 이 끝이 대오(大悟) 각성(覺性)하는 견성오도(見性悟道)의 정상에 도달할 수 있습니다. 이 공부는 열심히, 부지런히, 간절히, 사무치게 하는 방법으로는 충분치 않으니까, 공부에 결판나게 해드리고 싶어서 이러한 자리에서 여러분들께 간곡히 전하고 있습니다. 여러분들께서 이치적으로 들어 보아도 수긍하실 겁니다. 그 점을 여러분들이 꼭 기억하셔야 합니다. 여러분께서 참선을 하신다면 그 원리를 이해하여야 하고 그 원리에 부합된 가장 효과적인 방법과 그를 순차적으로 차근차근 진행하는 것이 반드시 필요할 것입니다.

사종염불과 염불선
(四種念佛　念佛禪)

이제 염불선(念佛禪)의 방법론인 네 가지 염불하는 방법, 사종염불(四種念佛)에 대하여 이야기하고자 합니다. 염불이란 부처님을 생각하는 것이며, 선이란 참선공부를 이야기합니다. 그러므로 염불선(念佛禪)은 부처님을 생각하며 참선수행하는 공부법으로 정의하면 되겠습니다.

그럼 구체적으로 부처님을 어떻게 생각하느냐?에 대하여 이야기하겠습니다. 부처님을 생각하는 방식 세 가지가 있습니다. 그것은 부처님은 세 가지 형태의 몸을 가졌다 하여 삼신(三身佛)불 이렇게 말하는 데 그것은 바로 법신(法身), 보신(報身), 화신(化身)입니다. 부처님이 갖고 계신 이 세 가지 몸에 대하여 생각하는 것입니다. 가장 쉬운 방법으로 관상염불(觀像念佛)은 부처님을 인간적 모습으로, 형상적으로 생각하는 것이 있어요.

자! 불상이나 불화를 보시죠. 32상 80종호는 완덕을 갖춘 인간 완성자의 모습입니다. 우리는 마음 상태대로 모습이 만들어져요. 또 우리가 늘 어떤 형상을 보면 그 형상을 닮아 갑니다. 부처님의 모습을 늘 바라보기만 해도 좋고, 마음속으로 더 깊게 생각하면 내 마음속에 부처님의 공덕과 기운과 부처님의 상태가 늘 그렇게 스며들어 부처님이 되어 가는 거예요. 이렇게 모습으로 생각하는 것을 관상염불(觀像念佛)이라 합니다. 그리고 조금 더 깊게 들어가면 부처님의 공덕이나 능력을 생각하는 관상염불(觀想念佛)과 수준 높게 접근하는 방식인 실상염불(實相念佛)이 있습니다. 이렇게 접근하셔야 무위법(無爲法)인 선(禪)의 도구로 쓸 수 있어요. 염불선(念佛禪)은 부처님의 명호를 마음속으로 칭명하면서 실상염불(實相念佛)을 하는 것을 이야기합니다.

좀 더 자세히 이야기하겠습니다. 우리는 일시적이고 일회적인 것이 아닌 영원하고 무궁한 것을 추구하죠? 영원하고 무궁한 것이 모양을 가지고 있다면 감당하기 힘들겁니다. 모양과 형상이 있는 것은 언젠가는 파괴되기 때문에 염불선(念佛禪)의 소재로 적합하지 않기 때문이죠. 생멸의 한계가 있으니까요.

자! 그러면 우리가 경험하고 사는 것 중에서 가장 비형태적인 것이 뭐죠? 공간(空間)이에요. 즉, 부처님을 공간(空間)적으로 생각하는 것을 실상염불(實相念佛)이라 합니다. 이것이 바로 부처님을 가장 수준 높게 생각하는 행위이자, 영원불멸한 부처님을 생각하는 겁니다. 형태가 있는 것은 유한(有限)적이고 한시(限時)적이에요. 하지만 우리가 추구하는 것은 영원무궁한 세계와 존재이기 때문에 우리는 무한허공을 생각하는 것이 가장 적합합니다. 보리방편문(菩提方便門), 염불선(念佛禪) 관법(觀法)의 핵심이 거기에 있는 거예요.

자, 전통적으로 네 가지 방식의 염불을 이야기했지요? 세 가지 방식의 염불은 이미 이야기하였고 마지막 하나 남았습니다. 이것은 부처님 명호 부르는 칭명염불(稱名念佛)입니다. 부처님 이름을 마음속으로 부르는 거예요. 참선이 되려면 마음속으로 불러야 해요.

참선의 기본은 동작하지 않고 좌정하여 소리하지 않고 침묵 속에서 공부하는 겁니다. 마음속으로 소리하는 염불과 밖으로 소리내서 하는 염불은 많은 차이가 납니다. 그래서 일단 참선에서는 마음속으로 칭명염불(稱名念佛)을 합니다. 그런데 속으로 소리를 낸다고 꼭 부처님을 생각하는 건 아니에요. 이름을 속으로 부른다고 부처님을 생각한다 꼭 그런 보장은 없지요? 그냥 생각 없이 이름만 부를 수도 있어요. 결국 속으로 부처님의 이름을 부르는 칭명염불(稱名念佛)을 하면서 무한허공을 생각하는 실상염불(實相念佛)이 되어야 합니다. 이것이 염불선(念佛禪)의 핵심입니다. 아시겠죠?

결론적으로 부처님 명호를 호칭하는 칭명염불(稱名念佛)은 소리를 통해서 마음을 모으는 정학(定學)의 공부 방편으로 활용이 되고 완전한 진실상, 영원상인 무한허공을 생각하는 실상염불(實相念佛)은 마음을 넓히는 혜학(慧學) 공부의 방편으로 활용이 됩니다. 이 점을 아시면 여러분은 지금 염불선(念佛禪) 문턱까지 온 거예요.

다음 주제는 '염불선(念佛禪)을 구체적으로 어떻게 하는가?' 입니다. 오늘은 불교에서 정말 주목해야 할 중요한 과제는 참선이고 참선은 사람의 눈을 보듯이 불교의 눈을 보는 것과 같기 때문에 매우 중요하며, 그 선의 구체적인 내용은 계(戒), 정(定), 혜(慧), 삼학(三學)인데, 그 삼학(三學)의 구체적인 내용과 개념이 무엇인지에 대해 이야기했는데 정확히 아셨습니까? 계(戒)는 눈을 딱 감고 앉아있는 것부터 시작하라고 했고, 정(定)은 마음을 공간(空間), 면(面)적인 상태에서 선(禪)에서 점(點)적으로 극미(極微)적으로 모아 가야 한다고 했으며, 혜(慧)는 마음을 면(面)에서 공간(空間)공간(空間)적으로, 무한우주적으로 확대해 가는 것이라고 이야기했습니다.

선(禪)교(敎)와 계(戒), 정(定), 혜(慧)

반갑습니다. 지난 공부 기억하시나요? 잊어버리셨
지 싶고 오늘 반복해서 또 구체적인 말씀을 드리겠지
만, 복습하는 마음으로 다시 한번 정리하겠습니다. 불
교에는 두 가지 공부 방법이 있다고 말씀드렸었죠?
하나는 "깨달음"의 길이 있고, 또 하나는 "깨어 있음"
의 길이 있다고 했습니다. "깨달음"의 길은 부처님께
서 무엇을 깨달았던 것인가? 하고, 말씀적으로 경전적
으로 철학적으로 머리를 써서 탐구하는 것을 교학(敎
學)이라고 합니다. 그리고 "깨어 있음"은 부처님은 깨
어 계신다는데 어떻게 하고 있는 것이 깨어 있다는 것
인가?, 하며 행동적으로 동작적으로 행위적으로 몸으
로 하는 수행인 선학(禪學)이라 했죠? 그리고 또 중
요한 것은 깨달음이란? "깨어 있는자"가 "눈을 떴을
때 뜨고 있을 때 알아지는 모든 앎"이라 하였습니다.

그러므로 눈을 뜨면 앎은 저절로 생기므로 깨달음의 근본적인 문제 해결은 눈을 딱 뜨는 '깨어 있음'을 통하지 않고서 온전하고 완전한 불교를 제대로 알 수 없다고 하였죠? 여기까지 기억 되시나요? 그래서 '눈을 딱 뜨는 자'가 되는길, '눈 뜨는 부처'가 되는 길을 가는 것이 선(禪)입니다, 이런 말을 했었습니다.

　선(禪)을 하는 구체적인 방법론엔 계(戒), 정(定), 혜(慧) 삼학(三學)이 있습니다. 부처님 당시 우리에게 제시한 깨달음의 순수한 공부 방식이 계(戒), 정(定), 혜(慧) 삼학(三學)이라 했죠? 그래서 그것을 생활적인 면으로 확대하면 팔정도(八正道)라 했고요? 또, 개인적인 면에 그치지 않고 사회적 대중적으로까지 확대한 것이 육바라밀(六波羅蜜)이라고 했고요? 여기까지 아셔야 됩니다. 그 뿌리가 튼튼한 나무는 잎이 무성하고 열매를 많이 맺듯이, 뿌리가 약하면 결실을 하기 힘들듯이, 불교의 근본과 출발을 잘 알아야 합니다.

　그래서 계(戒), 정(定), 혜(慧), 삼학(三學)이 중
요한데 그럼, 삼학(三學)에서 계는 뭐냐? 즉 참선할
때의 계(戒)는 밖으로 관계하지 않고 관심하지 않으
며 안으로, 모든 관심을 자신의 내면으로 돌이키는 것
이라 했지요. 이 앞 시간에 말했는데 그것을 문자적으
로 말하면 회광반조(迴光反照)라고 했습니다. 밖으로
나가는 관심을 빛에 비유하여 자기 쪽으로 되돌린다
는 의미입니다. 이게 계학(戒學)의 완성입니다. 본질
적인 계(戒)의 내용입니다. 그곳에 뿌리를 두고 불필
요한 관계나 상황을 생활적으로나 인간관계적으로 하
지 말라는 복잡한 계(戒)가 발달하지만, 근본은 간단
하다 이것입니다. 그래서 제일 중요하고 간단하고 쉽
게 계(戒)를 온전히 지키는 방법은 눈 감고 가만히 앉
아 있으면 됩니다. 그리고 자기 마음속에 관심하면 됩
니다.

그게 삼학(三學)에서의 계(戒)라 했죠? 그리고 돌이킨 마음을 어떻게 할 것인가?, 그다음이 정학(定學)이에요. 이 공부의 주제는 돌이킨 마음을 공간(空間), 면(面)적인 상태에서 선(禪)적, 점(點)적으로 극미(極微)적으로 모으는 것 입니다. 공부 주제와 소재를 정해 놓고 다른 생각은 일체 관심하지 않고 오직 그곳에만 전력투구하는, 집중 공부라 했죠? 마음을 집중하여 현미경처럼 세밀히 살피는 마음을 키우는 공부, 그게 정(定)이라 했죠? 그 다음에 혜학(慧學)은 정학(定學)에서 집중된 힘을 온 공간(空間)으로 똑같이 투사 확대하며 마음을 확대하는 공부라 하였죠? 이것이 계(戒), 정(定), 혜(慧) 삼학(三學)이라 했습니다.

이것을 순차적으로 얼마나 누적하며 투철하게 하느냐?, 얼마나 정미롭게 하느냐?가 불교에서 말하는 '눈을 뜨는 자', 부처가 되는 견성오도(見性悟道)의 지름길이 되는 거에요. 이건 지금 재가신도나 보살님들한테는 어려운 숙제이고 과제여서 선택의 문제이지만, 뜻 있는 출가 수행자에게는 필수코스입니다. 사실은 모든 출가수행자의 필수코스가 되어야 합니다. 여러분도 힘에 따라서 원(願)에 따라서 필수코스로 하시면 참 좋구요.

이렇게 해서 이 앞 시간에 배운 내용을 요약하자면, 불교엔 두 가지 길, 교(敎)와 선(禪)이 있다, 그 중에서 궁극적인 길은 선(禪)의 길이다, 선(禪)은 방법론적으로 세 가지 방법, 계(戒), 정(定), 혜(慧) 삼학(三學)을 통해 한다, 이런 말이죠.

돈오와 점수
(頓悟漸修)

지금 마음공부에는 선(禪)뿐만 아니라 여러 가지 명상법도 있습니다. 여러 가지 마음수행법이 있어요. 여러 마음수행법과 불교에서 말하는 깨달음을 목표로 하는 선(禪)은 어떤 차이가 있는지부터 구별할 수 있어야 합니다. 마음공부 하면 다 비슷한 것으로 알고 있는데, 불교 안에서도 여러 가지가 있습니다. 북방 불교의 화두선(話頭禪), 묵조선(默照禪), 염불선(念佛禪), 남방 불교에서 들어온 사마타(Samatha), 위파사나(Vipassana) 등 여러 가지가 있어요.

그런데 어떤 방법이든 이치에 맞고 순차적으로 하면 깨달음까지 갈 수 있지만 이치적이지 않고 순차적으로 제대로 하지 못하면 도달하기 힘들어요.

자! 제가 비유를 해 보겠습니다. 고무줄 늘이는 공부를 하는 상태와 고무줄 끊는 공부를 하는 상태가 있다고 합시다. 우리는 과연 고무줄 늘이려고 공부를 하는 것인지?, 고무줄을 끊으려고 작정하고 공부하는 것인지? 정도는 구별하면서 공부를 해야 하고 그 차이를 알아야 합니다. 결국에는 고무줄을 끊는 공부를 해야 되지 않겠습니까?

또 이런 말을 하기도 합니다. 유리창 닦는 공부를 하는 것인지?, 유리창 깨는 공부를 하는 것인지?를 구별해서 알아야 하고, 결국은 유리창 깨는 공부를 하여야 한다고요. 먼지 낀 유리창이 있으면 바깥이 안 보여서 답답하고 불편한데, 유리창을 닦으면 훤해지니까 "아, 시원하고 좋구나!" 할 수 있습니다. 그러나 유리창을 깨서 없애버리면 아예 닦을 일도 없을 뿐더러 직접 공기를 쐬며 바깥과 만날 수 있으니 이보다 더 좋을 수 있겠습니까? 공부에 이런 차이가 있습니다. 유리창 닦는 공부를 점수(漸修)법이라 하고 유리창 깨는 공부를 돈오(頓悟)법이라 합니다. 고무줄도 마찬가지입니다. 늘이는 공부는 점수(漸修)법이고 끊는 공부는 돈오(頓悟)법입니다.

불교는 임시적이고 일시적인 방법이 아닌 궁극적이고 영구적인 해결책을 도모합니다. 유리창 닦는 공부나 고무줄 늘이는 공부는 해당되지 않습니다. 불교 외에 여러 가지 명상법이 대체로 일시적으로 좋아지는 유리창 닦고 고무줄 늘이는 수준이라면 불교의 참선공부는 그렇지 않습니다. 참선공부를 하는 대다수 사람들이 그렇게 하고 있기에 다들 시간이 많이 필요한 것으로 알고 있습니다. 그러나 몸을 준비하고 마음을 단단히 먹고서 유리창 깨듯이 강력하게, 고무줄을 끊듯 끈질기게 도전하면 대부분 3개월이면 다 끝낼 수 있는 일입니다. 이러한 말은 역대 조사 스님들께서도 다 하셨던 이야기이자 저의 경험적 이야기입니다. 여러분도 참선공부할 때 과연 어떠한 태도와 마음을 갖고 공부하였으며 지금 어떻게 공부하고 있는지를 되돌아보고 반성해야 할 것입니다. 대표적으로 구별하는 법으로는 신수대사와 해명대사 이야기를 늘 합니다. 신수대사께서 뭐라 하셨죠?

"몸은 깨달음의 나무요,

마음은 맑은 거울대와 같으니,

때때로 부지런히 털고 닦아서

먼지가 묻거나 때가 끼지 않도록 하세!"

이 게송은 신수대사 게송입니다. 5조 홍인대사께서 나이가 드시고 후임자를 선정할 때 여러 제자들에게 본인들이 공부한 내용을 글로 표현하라! 이렇게 했는데 처음으로 내놓은 제자가 신수대사였죠? 그다음에 혜능대사가 있었죠. 일자무식(一字無識)한 혜능대사가 그 글을 전해 듣고 나중에 쓴 게송이 있는데, 본인이 글을 모르니 남에게 대필을 부탁해서 썼어요.

"깨달음에 본래 나무가 없고,
밝은 거울 또한 틀이 아닐세,
본래 한 물건도 없는데
어느 곳에 먼지 끼고 때가 묻겠는가?"

지금까지 했던 말을 아주 적절히 표현한, 신수대사의 게송과 비교되는 게송입니다. 신수대사 방식은 표현적으로 유리창 닦는, 고무줄 늘이는 그런 공부예요.

그런데 혜능대사는 유리창을 깨고 고무줄을 끊고 나서 한 이야기예요. 유리창을 닦아 놓으면 안팎이 없는 것처럼 느껴지죠? 이론적인 자타불이(自他不二), 일심동체(一心同體), 이런 느낌과 생각은 일어나는데 실제로는 어떤가요? 유리창 때문에 한계가 있듯이 현실적으로는 그렇지 못하는 거예요. 눈에 보이지 않는 유리창 때문이죠. 유리창을 완전히 깼다면 공기를 쐬

면서 스스로 신선해지며 공기를 호흡하기 때문에 실
감나게 한 생명체로 느껴져 동체대비(同體大悲)가 몸
과 행동으로 나오는 거예요. 그리고 한 번 깨뜨리면
더 이상 번뇌가 붙을 자리가 없기 때문에 구태여 닦을
필요가 없습니다. 마음공부 차원에서, 다만 마음만 있
지 않기 때문에 해야 할 일이 또 있는 거예요. 그것은
몸을 닦고, 생활 기반이나 환경 기반을 개선하고자 노
력하는 거예요.

보살이 뭡니까? 마음을 깨쳤다고 해서 그대로 그
공부만 하고 그대로 가는 게 아니에요. 현실에서 일
을 하면서 다시 수행을 또 합니다. 그러면서 인연된
중생들에게 이익이 되는 구체적인 역할을 해요. 그리
고 경영과 운영까지 참여해서 절 집안을 살리는 실질
적인 역할을 발 벗고 하는 거예요. 이게 보살의 할 일
이고 진정으로 깨달았다면 그것까지 해야 되는 거예
요. 그러나 대부분 깨닫고도 그냥 자리 잡고 앉아 있

는데, 후학들을 가르치는 역할을 하기 위해서 앉아 있을 필요도 있긴 하지만, 사실은 그것이 불교의 종점이 아니기 때문에 본인이 몸소 해야 돼요. 몸소 실생활에 뛰어 들어야 하는 겁니다. 이것을 돈오(頓悟)후 점수(漸修)라 하고 지혜(智慧)의 완성 후 자비(慈悲)의 완성을 위해 나아가는 보살도(菩薩道)라 합니다. 불교의 참선이나 주변의 명상이나 다 마음공부라 하기 때문에 같은 것으로 착각할 수 있고 비슷한 것으로 생각할 수 있는데, 엄밀히 유리창을 닦는 공부, 유리창을 깨는 공부처럼 차이가 명확하니 잘 구별 하여야 됩니다.

염불선(念佛禪) 공부도 그렇고 불교 참선공부의 목적도 유리창 깨는 돈오(頓悟)공부입니다. 사실 염불선(念佛禪)은 출가수행자가 되어서 유리창을 깨는 공부를 목표로 하여 생사해탈(生死解脫)이라든지, 견성오도(見性悟道)라든지, 이런 서원과 발원을 세운 사람들이 적용해야 정말 제대로 활용할 수 있는데, 여러 분들은 그래도 선근(善根)이 있으셔서 그 마음까지 내고 하실 수 있는지 잘 모르겠어요. 아무튼 공부의 방식과 차이를 잘 구별하여 이해해 주십시오.

염불선(念佛禪)의 뿌리

이번에는 마음공부를 염불선(念佛禪)에서 어떻게 구체적으로 하는지? 구체적인 방법에 대해 이야기하려고 합니다. 그 구체적인 방법론을 제가 한 번 정리했어요. 구두(口頭)로 하는 것은 제한된 대상이 있고, 제한된 상황이 있기 때문에 언제 어디서든 다른 사람에게 전할 수 있는 길은 글밖에 없더라고요. 그래서 글로 남겼습니다. 제가 출가해서 얻은 소득을 결산하라면 이것밖에 없어요. 사실 이건 짧은 책입니다마는 이 책엔 부처가 되는 길이 있습니다. 부처가 되는 아주 상세한 방법이 여기에 다 담겨 있어요. 아무리 복잡한 집도 설계도를 잘 그려 놓으면 쉽게 집을 지을 수 있듯이 그대로만 하면 반드시 부처가 되는 길이 더 편해질 겁니다.

불교에서 부처 되는 것보다 더 중요하고 우선적인 길이 어디 있겠어요? 눈을 뜨는 구체적인 방법론이고, 눈을 뜨면 듣고 배우지 않아도 스스로 아는 자가 되는데 그 얼마나 중요한 일인가요? 그것이 명칭상 "염불선(念佛禪)"입니다. 이게 무슨 염불선(念佛禪)인가?, 특히 지금 대한민국 조계종에서 하는 가장 핵심적인 마음공부 수행법이 화두선(話頭禪)인데 화두선(話頭禪)을 놔두고 무슨 이야기를 하나?, 할 수도 있습니다. 여러분들이 이미 알려진 방법은 공인된 방법이라 믿을 만하겠지만 새로운 것을 접한다면 "이것이 어떤 법인가?" 하고 의문과 의심이 있지 않을 수가 없지요.

그래서 제가 이치적으로 부연설명을 합니다. 아무튼 이것을 잘 들으시면 왜 염불선(念佛禪)이 참선수행의 좋은 방법인지를 여러분들께서 잘 이해하실 수 있을 것입니다.

지금 『염불선(念佛禪)』 책에 담긴 구체적인 내용

들을 약간 해제(解題)적으로 설명하겠습니다. 이 책은 먼저 해제(解題)가 나옵니다. 우리가 아직 일반화되지 못하고 알지 못하는 구한말과 일제시대를 사셨던 금타 대화상이라는 그 선각자의 가르침에 입각한 공부법임을 이 앞전에도 잠깐 이야기했었고, 그분이 얼마나 삼매가 깊었고 공부가 깊었는지도 이미 말씀드렸죠? 삼매 속에서 우주 천체만상(天體萬像)을 수치적으로 환산해서 이렇게 책으로 낼 정도로 아주 깊은 삼매의 공부를 했다는 것이고 또 그분이 『금강심론(金剛心論)』 책을 쓰면서 벽두에 뭐라고 했냐면, "일인(一人)전(傳)에 일인(一人)도(度)라." 한 사람한테 전할 때 그 한 사람이 반드시 제도(制度)된다는 확신이 담긴 그런 뜻이에요.

이건 백발백중이고 신념과 확신에 찬 그 이야기를 적어 놓은 거예요. 저도 염불선(念佛禪)에 그런 확실한 신념과 확신이 있어서 책으로 쓴 거고요. 그것을 계승해서 알려 주신 분이 열반하신 청화 큰스님이시라고 이야기하며 그분들이 전한 그 공부법을 제가 다시 한번, 더 세밀히 분석해서 상세히 설명하고, 순차적인 이 길을 통해서 그 길에 반드시 도달할 수 있다는 내용을 이 책에 실었어요. 사실, 선(禪)이란? 무엇이고 염불선(念佛禪)이란? 무엇이며, 염불에는 어떤 종류가 있는지?, 염불에 대한 교리적인 이해, 설명적인 이해를 이전에 한 겁니다.

입정과 칭명염불

(入定 稱名 念佛禪)

오늘 이 시간에는 실질적으로 참선은 어떻게 하는 것인가? 염불선(念佛禪), 실질선(禪), 여러분께서 법회 시작 전 잠시 입정(入廷)을 했죠? 자! 주변 환경을 잘 정리하시고, 바르게 앉아 눈을 감으시고, 손을 뒤집어서 손바닥이 하늘을 향하도록 하시고 몸에 힘을 빼시고, 목에도 힘을 빼시고, 머리를 텅 비우시면서 마음으로 모든 걸 다 포기하는 것부터 시작하는 겁니다.

이것이 선(禪)에서 말하는 바, "도방하(都放下) 놓아라, 쉬어라, 버려라!"를 머리로 하는 것이 아니라 온몸으로 하는 거예요. 사실은 여러분들께서 이것만 제대로 해도 마음의 고요와 평화가 굉장히 빨리 옵니다.

괜히 어설프게 공부한다고 화두를 든다든지, 무엇을 의지적으로 하면서 오히려 긴장을 유발시키면 궁극적인 평화와 안락이 쉽게 오지 않습니다. 그냥 차리리 놓고 맡기고 쉴 때, 선(禪)에서 말하는 안락(安樂)의 느낌들이 더 쉽게 오는 거예요. 그리고 그 바탕 위에서 가장 자연적이고 원초적인 인위적으로 지혜적으로 하는 것이 내쉬는 호흡에 본인들이 알고 있는 가장 존귀한 분의 이름을 길게 간절히 부르는 겁니다.

소리선과 염불선(念佛禪)

보통 염불선(念佛禪) 그러면 뭔가를 밖으로 소리 내서 읊조리는 것을 생각하는 데 그것은, 확대 해석 이에요. 원래 염불(念佛)은 생각 '념(念)', 부처 '불 (佛)', 부처를 생각하는 것이에요.

그런데 많은 사람이 염불(念佛)한다 할 때, 부처님 이름 부르는 것을 염불(念佛)로 알고 있고, 더 확대되어 독경까지 다 포함한 걸로 알죠? 순수한 염불은 부처님을 생각하는 것이고, 여기서 조금 더 발전된 것은 부처님 이름 부르는 것입니다. 그러니 순수한 쪽으로 접근해서 공부를 해야 근본적으로 공부를 하는 것이고, 말과 일치된 공부를 하는 거예요.

그런데 천수경을 읽고, 금강경을 읽는 것도 염불이

라고 하죠? 사실 이건 굉장히 확대된 바깥의 이야기입니다. 마음공부 할 때는 이런 것들은 다 떨쳐내야 돼요. 그래서 최소한 부처님 이름을 마음속으로 부르는 것으로 한정 지어야 합니다. 참선(參禪)은 정지 상태에서, 침묵 속에서 하는 것이니까요. 움직이면서 밖으로 소리 내는 것은 참선(參禪)이 아니에요. 그건 동선(動禪)이라고 구별해 말하지만 순수한 참선(參禪)은 정지 상태에서 하는 거예요. 그리고 소리 없이 하는 것입니다. 이건 선(禪)이기 때문에 염불하더라도, 부처님 이름을 부르더라도 속으로 하는 거예요. 속으로 부르는 것과 밖으로 부르는 건 굉장히 차이가 많이 납니다. 나중에 또 설명을 하겠습니다만, 속으로 부처님 이름을 간절히 부르는 것, 또는 본인들이 알고 있는 가장 존귀한 분을 간절히 부르는 것, 이것을 염불선(念佛禪)이라고 말하는 거에요.

사실은 또 불교적인 색을 벗기면 소리선이예요. 하나의 소리를 정하여 반복해서 부르며 거기에 인위적인 노력을 보태어 공부가 더 잘되라고 하는 거니까요.

  그러니 이것은 종교적으로 또 불교적으로 이야기할
때 염불선(念佛禪)이지 불교의 색채를 빼고 일반적으
로 이야기하면 소리선입니다. 그래서 결국은 종교적
으로 어떤 분을 불러도 상관없어요. 불교적으로는 아
미타불, 또는 관세음보살, 지장보살이라고 할 수 있겠
죠? 다른 종교적으로는 '할렐루야!', '오 주여!', '하나
님 아버지!', 아무 상관없어요. 그리고 일반적인 용어
도 문제가 되지 않지요, 왜냐하면 선(禪)의 궁극은 생
각 이전이기에 개념이나 뜻이 담긴 단어나 술어로 사
용하는 것이 아니라 뜻이나 개념을 빼고 다만 소리로
사용하기 때문입니다.

성부와 법신불
(聖父 法身佛)

요즘 저는 기독교와 불교가 하나 되는 운동을 하고 있습니다. 궁극적으로 이 세상의 근본 원리와 가장 높은 것이 둘일 수는 없거든요. 하나 있을 때는 그 하나가 최고지만 비교해 보면 높은 것, 낮은 것이 곧바로 구별되고 드러나잖아요? 정말로 궁극적으로 높은 것은 하나밖에 없습니다. 그리고 또 이것이 신학적으로, 불교학적으로 다 정리되어 있어요. 불교의 궁극이 뭡니까? 영원한 법신(法身)부처님의 깨달음이에요. 기독교의 궁극은 뭡니까? 성부(聖父) 하나님 아닌가요? 그러면 기독교의 하나님은 어떤 존재이고, 불교의 법신(法身)부처님은 어떤 존재인지를 알면 내용적으로 딱 이해가 됩니다.

우선 불교적으로 이야기할까요? 불교는 법신(法身) 부처님은 형상이 없다고 말씀하시죠? 형태로 존재하지 않습니다. 영원자이고 진리를 몸으로 하기 때문에 형상이 없다고 해요. 형상이 없다고 하면 이해가 어려워서 감을 못 잡는 사람들도 있어요. 그래서 거기에 약간의 색칠을 하고 이야기하는 것이 광명으로 온 우주를 비추고 있다고 이야기합니다. 온 공간(空間)에 광명으로 꽉 차 존재하신다고요. 이를 비로자나불(毘盧遮那佛)이라고 이름 지었어요. 순수 오리지널은 공간(空間)적으로 온 우주에 존재하는 것이지요.

신학(神學)적으로 성부(聖父) 하나님을 어떻게 설명하나요? 하나님도 형상이 없이 존재하신다고 했어요. 또 불교처럼 약간 덧칠해서 빛으로 온 우주에 충만해 계신다고 표현하셨습니다. 불교의 영원한 부처이신 법신(法身) 비로자나(毘盧遮那) 부처님과 기독교의 영원하신 성부(聖父) 하나님이 내용적으로 다름이 있나요? 전혀 다르지 않습니다. 저는 공부를 하고 나서 이런 사실을 확연히 알았기에, 부처님이 곧 하나님이고 하나님이 곧 부처님이심을 알기에 아무런 갈등과 차이를 느끼지 못합니다. 다만 그분을 부르는 이름이 서로 다르고 모시고 숭앙하고 접근하는 형식과 방법이 다를 뿐입니다.

그러니 각자의 길에서 모두들 한곳을 향하여, 한 분을 향하여 가는 등반가인 것입니다. 산에 오르는 코스가 다를 뿐입니다. 각자의 위치와 각자의 상황에서 그곳을 위해 열심히 한참 잘 가고 있는데 굳이 불러내서 자신들의 길로 끌어들여 처음부터 다시 오르게 한다면 그 얼마나 서로 힘든 일이 될까요? 결국 우리는 저 끝에서는 만날 것이니 그 길로 쉬지 말고 부지런히 가세요. "우리 정상에서 만납시다!"라고 서로 격려하고 응원해야 한다고 생각합니다.

재 가 수 행
(在 家 修 行)

여러분들이 이전에 했던 공부는 유리창 깨는 공부가 아니라 유리창 닦는 공부입니다. 유리창을 닦으면 앞이 훤하니까 기분도 좋아지지 않겠어요? 하지만 지금부터 제가 말씀드릴 것은 유리창 깨는 공부입니다. 그러니 강도가 좀 세겠죠? 이것은 프로와 아마추어의 차이일 수도 있어요. 여러분들이 알고 있으면 좋겠죠? 도전하세요.

원래 인도에서는 일반인들도 생활수행자 형태로 구성되어 있어서 어릴 땐 학습하고, 성장해서는 가업을 이어서 생업하고, 인간의 의무를 다 마치고는 산에 들어가서 공부하는 수도(修道) 문화였죠. 여러분도 이제 연세가 많으신데 지금 그런 때가 아닌가요? 그럼 해

볼 만하지 않나요? 못 할 이유가 없죠? 그리고 이치적으로, 지성적으로 하기에 힘 크게 안 들이고 할 수 있습니다. 재가수행(在家修行)은 그런 공부입니다.

수 행 전 주 요 원 칙

우선 주요 원칙이 있어요. 시종일관 눈을 감고 해야 합니다. 지난번에 계(戒)가 지켜지지 않으면 안 된다고 했죠? 아무튼 물 샐 틈 없이 방비하고, 조금이라도 관심의 빛이 밖으로 새지 않도록 막아야 하기 때문에 눈을 딱 감고 하라는 거예요. 그다음에 시종일관 결가부좌합니다. 쉽지 않겠죠?

환경을 정리하는 조경(調景)수행 다음엔 몸을 다리는 조신(調身)수행의 완성이 결가부좌입니다. 좌선하는 데 결가부좌를 어렵지 않게 하고 있어야 됩니다. 지금이라도 일단 결가부좌에 도전하세요. 그리고 그런 목표 정도는 알고 계셔야 한다는 말입니다. 텐트로 비유하면 땅에 텐트를 쳤는데 그대로 놔두면 강한 바람에는 날아갈 수가 있어요. 그런데 땅에 못을 박고 그곳에 텐트를 끈으로 묶는다면 어지간해서는 날아가지 않겠지요? 땅에 못을 박아 텐트를 끈으로 묶는 효과가 나듯이 결가부좌를 하면 앉아 있는 몸을 흔들림 없이 오래 앉아 있게 하는 힘이 생깁니다. 그런 효과가 있기 때문에 반드시 결가부좌를 해야 된다고 하는 거예요. 그다음에 시종일관 사력과 최선을 다해야 합니다. 아까 유리창 닦는 정도는 편안히 쉬고 있는 거예요. 그런데 유리창을 깨려고 할 때는, 한순간이지만 힘이 얼마나 들어가겠습니까? 만약에 손가락으로 노크하는 정도로 두드리고 있다면 유리창이 깨질까요? 아마 백 년이 가도 안 깨질 겁니다. 그렇지만 단단히 준비하고 온 힘을 다해 힘껏 치면 단 한 방에도 깨어지며 다시는 닦을 일이 없을 수 있겠지요.

저도 처음 참선공부할 때에는 편안히, 차분히, 느슨히 그렇게 하는 것인 줄 알았어요. 그렇게 한 2년 계속해보았는데 아무런 소득이 없었어요. 출가 후 행자

때부터 곧바로 선방에 들어가서 공부했는데 아무런 소득이 없고 느낌이 없으니까, 이거 아무것도 없는데 있는 것처럼 얘기한 것 아닌가, 하는 의심이 들 정도로 부정적인 생각이 들었어요. 그래서 어떤 생각을 했냐면 "안 되겠다, 아주 처음 밑바닥부터 다시 해야 되겠다!" 하고는 자청하여 경전공부 하는 강원으로 갔습니다. 기초부터 다시 하자는 마음으로요. 그래도 가장 투철하게 한다는 해인사로 갔죠. 제가 있을 때는 청화 큰스님께서는 제자들을 강원에 적극적으로 보내지 않으셨어요. 87년도 봄에 해인사에 가서 살았는데 중강 스님의 강의 내용이 싱거워서 못 듣겠더라고요.

그런데 마침 그 뜻에 동조하는 도반(道伴)이 하나 있었는데 직지사에 좋은 중강 스님이 계시다 하여 함께 짐을 싸서 직지사로 옮겼지요. 해인사에서 한 철 살고 곧바로 직지사로 도망간 거지요. 해인사는 스님들의 수가 많으니까 규율이 심했고, 직지사는 스님들의 수가 적으니 자유로웠습니다. 오전에 공부하고 오후에는 자기 시간이라 한적하고 조용한데 가서 복습과 예습도 하고 전에 선방에 있었을 때 틈틈이 했던 요가도 하면서 아주 여유로운 생활을 지내고 있었습니다. 그렇게 한참 잘 지내고 있었는데, 광주에 있는 대학불교학생회 선배님께서 전화하여 "광주에 괜찮은 요가 선생님이 왔으니 한번 만나 보는 것이 어떠냐?"라고 했어요. 그래서 "그럼 제가 틈나면 한 번 가겠습니다."라고 이야기하고서, 여름방학 시작하기 전 한번 광주에 갔었습니다. 그곳 요가 선생님의 지도하는 모습을 보니 뭔가 배우면 좋겠다는 느낌이 들어 그 요가 원장님께 "제가 여름방학이 한 일주일 있는데 이곳에 와서 요가를 좀 배워도 되겠느냐"고 했더니 쉽게 허락을 하였습니다. 그래서 여름방학 일주일 동안 요가원에서 숙식하면서 그분의 지도를 받으며 요가수행을 했지요. 그런데 한 3,4일 요가수행을 하고 저녁에 잠을 자는데 공부가 잘되고 있는 듯한 여러 가지 좋은 느낌의 꿈을 꾸었습니다. 수도꼭지를 트는데 처음에는 더러운 녹물이 한참 나오다가 나중에는 맑은 물이 시원하게 나오는 꿈을 꾸었죠. 그러다 보니 "아! 이 원장님에게 뭔가 있구나!" 하는 느낌과 생각이 들어서 그다음 날 그 원장님께 제가 이곳에 와서 공부하며 살아도 되겠느냐고 물어보았지요. 그랬더니 괜찮다고 와서 살라고 허락하셨어요. 그래서 직지사에서 또 보따리를 쌌습니다. 요가원에 갈 때는 제가 아는 스님들 둘과 함께 갔었지요.

그래서 그해 가을엔 요가원에서 잘 살았습니다. 봄에는 해인사에서 살고 여름에는 직지사에서 살고 가을에는 요가원에서 살고… 그런데 그 요가 원장님은 한국체육대학 출신이시고 레슬링 선수였어요. 그러니 몸과 운동에 대한 모든 기법이나 강도를 잘 아셨겠죠. 그래서 저희를 운동선수 훈련하는 수준으로 다루셨어요. 날마다 아침 구보는 기본이고 요가와 명상과 단식

등으로 저희들을 꾸준히 훈련시켰지요. 그렇게 한 철을 잘 살았어요. 그러다 가을이 끝나갈 무렵에 원장님과 사소한 다툼으로 그곳을 떠나게 되었어요.

염불선 : 소리하기

그곳을 떠난 후 겨울에 선방에서 정진이나 하려고 자리할 선방을 찾아다니면서 생각하기를 그동안 염불선(念佛禪) 공부를 할 때 무한허공을 생각하면서 관(觀)하고 부처님 이름을 부르면서 염(念)하는 두 가지 공부를 동시에 했는데 별로 소득이 없었기에 이번에는 둘 중에 하나라도 제대로 하자는 생각이 들어 부처님 이름을 부르며 염(念)하는 칭명염불(稱名念佛)만을 하기로 작정하고 칭명염불(稱名念佛) 공부를 하다가 속리산 복천암에 방부를 들이고서 겨울 한 철 동안 정말 열심히 정진을 하였지요.

처음에는 "아미타불, 아미타불, 아미타불" 하면서 끊임없이 염념상속하는 일반적인 방식이었지요. 그런데 계속 열심히 하는 데도 더 이상 공부가 깊어지지 않고 절벽을 만난 듯한 답답함을 느꼈어요. 차로 말하자면 길을 가다가 바퀴가 진흙에 빠져 액셀을 세게 밟아도 바퀴가 계속 헛도는 것처럼요. 그렇게 더 이상 진도가 나가지 않았습니다. "아! 이거 문제다!" "이렇게 해서 공부가 깊어지겠는가?" "무엇 때문에 이러는가?" "왜 그러는 건가?" "어떻게 해야 되는가?" 생각하면서도 공부를 계속했는데 그 상황을 자세히 살펴보니, 당시 염불하고 있는 방법으로는 도저히 해결되지 않겠다는 걸 알게 되었어요. 그리고 그 해결 방법까지 알게 되었어요. 그렇게 찾은 것은 연결해서 소리하면 안 된다는 점입니다. '아미타불, 아미타불…' 이렇게 붙여서 하면 안 되고 어떤 소리든지 한 글자씩 또박또박 끊어야 된다는 사실을 깨달았죠.

이러한 사실과 방법, 원칙은 지금까지 전무후무(前無後無)한 일입니다. 염불선(念佛禪)할 때 염불 소리하기를 "아미타불"이나 "아미" "타불" 이렇게 연결하지 않고 "아", "미", "타", "불", 한 글자씩 또박또박해야 합니다. 계속, 마음이 깊어지고 사무치게 하기 위해서 알아야 하는 점이 하나 더 있었는데, "그 소리를 보다 더 선명하게 해야 된다."라는 원칙입니다. 보통은 속으로, 습관적으로 적당히 하고 있거든요. 파고들면서 깊어지려는 마음 없이 하는 거예요. 그것이 공부인 줄 알고 계속했기 때문에 공부가 깊어지지 않았던 겁니다.

공부가 깊어지지 않으니, 그러한 한계 상황도 만나지 못했던 거예요. 그래서 한 글자씩, 또박또박 소리하는 원칙을 알고, 또 그 소리를 보다 선명하고 명료하게 해야 합니다. 마치 도장을 종이에 딱 찍어 놓고 이 도장이 종이에 제대로 찍혔는지 확인하듯이 소리를 해야 합니다. 그리고 또 한 가지, 속으로 "크고 힘차게" 하기. 이 세 가지 조건이 갖추어져야 합니다. 정말로 공부가 깊어지기 위해서는 연결해서 하는 방식으로는 앞으로 치고 나가지 못한다는 것을 알았고, 그것을 헤

쳐 가는 방법으로 깨달은 점이 이 세 가지 방법입니다.

이것을 또 죽자 사자 열심히 하였죠. 또 한참 하니까 어떤 상태가 되었을까요? 자전거 탈 때 처음에는 페달을 힘껏 밟아야 되지요? 의지로 페달을 열심히 쉬지 않고 밟아야 앞으로 나가잖아요. 근데 만약 탄력이 붙으면 어떻습니까? 페달을 밟고 돌리지 않아도 앞으로 나가지요? 이와 마찬가지로 소리하기, 불교적으로는 칭명 염불하기도 처음에는 의지로 열심히, 부지런히 해야 돼요. 그런데 탄력이 붙으면 나중에는 저절로 소리가 들리는 단계가 나타납니다. 가만히 있어도, 저절로 소리가 나오게 되는 단계입니다. 중국의 관정 스님이 말하는 정토선(淨土禪)에서는 이 상태를 자성(自性) 염불이라고 칭합니다. 저의 염불선(念佛禪)은 소리하기, 소리듣기, 소리보기 이렇게 세 단계로 되어 있어요. 그래서 지금 소리하기 조건 하나로 한 글자씩 또박또박, 또 다른 조건은 소리를 또록또록 선명하게,

세 번째는 크고 힘차게로 이 세 가지 조건을 딱 갖추고 하는 겁니다. 세 가지 조건 없이 하는 칭명(稱名) 염불이 어떤 느낌이냐?면 얼음판을 걸을 때 신발이 미끄러지잖아요? 언덕이라면 더 말할 것도 없고요. 그런 느낌입니다. 쉽게 미끄러져서 나아갈 수가 없어요. 그런데 세 가지 조건을 딱 갖추고 칭명(稱名) 염불하니까, 마치 등산화에 아이젠을 차고 빙판길을 걸으면 미끄러지지 않고 앞으로 계속 나아가듯이 전진할 수 있는 힘을 갖게 되었어요. 그렇게 한참을 하니, 이제는 의지적으로 소리하지 않아도 저절로 소리가 들리는 단계가 되었습니다.

염불선 : 소리듣기

저절로 소리가 들리는 때부터 소리듣기를 했어요. 이제 두 번째, 소리듣기 공부의 시작입니다. 이제는 저절로 소리가 들리니까, 소리하기는 쉬고, 오직 소리듣기만 하면 됩니다. 그런데 또 한참 하다 보니까, 공부가 또 나아가지 못하고 제자리 걸음을 하고 있는 거예요. 그래서 또 왜 진도가 안 나가는지? 스스로에게 물으며 그 답을 찾아보니, 늘 반복하여 나오는 소리이니, 또 습관적으로 듣고 있었던 거예요. 예를 들어 처음 듣는 낯선 소리라면 "이게 무슨 소리인가?" 하고 귀를 더 쫑긋하고 들을 텐데, 계속 반복되는 똑같은 소리가 들려오니 집중을 늦추고 느긋하고 적당히 듣게 된다는 것이지요. 그리하여 새로운 소리를 듣는 것처럼 또 열심히, 부지런히 들으며 그 고비를 넘었지요.

그리고 공부가 깊어지면서 공부가 더 깊어지는 또 하나의 방법을 찾았어요. 소리는 점점 더 줄어들면서 사라지는데, 소리의 사라지는 부분이 생기고 나서도 소리 없이 느껴지는 여운과 파문까지 들어야 한다는 사실을 알게 되었지요. 그냥 현상적이고 표면적인 소리에서 끝나는 것이 아니라 소리가 끝나고도 계속되는 여운과 보이지 않는 파문까지 계속 쫓아가는 거예요. 마치 우주 끝까지 쫓아가는 마음으로요. 그러면 호흡이 점점 더 늘어나면서 소리의 길이도 늘어나고, 호흡이 지극해지면서 마음도 더 지극해지는 거예요. 우리 인간의 구조에 마음이 있고 호흡이 있고, 몸이 있다고 했죠? 마음 바로 밑의 호흡이 지극한 호흡이 되면, 마음도 지극한 쪽으로 가는 거예요. 호흡이 지극한 호흡이 될 때, 지극한 마음이 더 쉽게 생겨요. 그러니까 호흡공부를 하지 않고, 지극한 마음만으로 접근하는 것은 상당히 어렵습니다. 선방의 스님들이 뭐 합니까? 참선합니다. 절에서 밥만 먹고 오직 앉아서 참선

공부만 하는 거예요. 그러니까 마음만 먹으면 얼마든지 공부를 할 수 있습니다. 그 외에 다른 것을 하지 않아도 되니까요. 그러니 제대로만 하면 얼마나 깊어지겠습니까?

여러분, 지금 당장 한번 해 보세요. 호흡에 실어서, 호흡을 늘이면서! 그럼 지금 당장이라도 "사무쳐지고 있구나!" 느끼실 겁니다. 호흡하고 상관없이 그냥 "아미타불", "아미타불", "아미타불" 칭명만 하는 것은 감성적이고 지극한 쪽으로 깊어질 수 없는 의지적인 공부만 있는 거예요. 호흡하고 관계없이 공부하니 공부가 깊어질 수 있을까요? 그러니까 화두선(話頭禪)도 호흡과 함께 화두를 들어야 됩니다. 여러분들 중 혹시 화두선(話頭禪)을 하고 계시는 분이 있으시다면 이 방법을 잘 활용하시면 좋습니다. 저는 염불선(念佛禪)을 위해서 화두선(話頭禪) 하시는 분들에게 공부 방법을 바꾸라고 하고 싶지 않아요. 화두도 어떻게 드느냐?가 중요하기 때문에 화두를 의심만 하지 않고 소리적으로 바꾸어 호흡과 함께 공부하면 공부가 깊어지기 때문입니다. 그런데 또 하나의 문제는 화두선(話頭禪)은 마음을 적극적으로 모으는 방법밖에 없다는 것입니다. 유감스럽게도 마음을 적극적으로 확대하는 방법이 없어요. 공부 구조적으로 그렇게 되어 있습니다. 그래서 정혜쌍수(定慧雙修)한다 하는 데, 마음을 축소하는 정(定)은 있고, 마음을 확대하는 혜(慧)가 없기 때문에 사실은, 정혜쌍수(定慧雙修)가 온전히 되기 힘들지요. 온전히 안 되기 때문에 공부를 마무리하기 힘들고, 마무리한 사람도 많지 않아요. 그 점을 정확하게 알아야 됩니다.

그래서 소리듣기를 백의 볼륨으로 들었던 것이 점점 줄여서 오십, 사십, 삼십, 이십, 십, 오, 일, 그리고 제로, 무한대, 지극의 상태까지 몰아가는 것이에요.

염불선 : 소리보기

자, 이런 듣기 공부를 꾸준히 한참 하다가 무슨 생각이 들었냐면, "아니! 지금, 우리가 참선하는 목적, 소리 듣는 목적이 무엇이지?" 하는 생각이 들었어요. 참선하는 목적은 생각 이전, 소리 이전, 모양 이전, 부모미생전(父母未生前) 등, 공부하는 소재 자체보다는 소재 이전에 관심하고 그 이전에 주목하는 것이기에 소리를 소재로 공부하는 입장에서는 소리가 목적이 되면 안 됩니다. 소리 이전에 주목하면서 의식의 공간(空間)에서 자동으로 튀어나오는 "그 소리가 어디에서 나오는가?"로 공부의 주제를 바꾸니 자연히 "소리듣기"에서 "소리보기"로 공부 방법도 달라졌습니다. 공부는 계속 눈을 감고 하였기 때문에 마치 어느 큰 운동장 한복판에 서서 어디선가 튀어나오는 공을 보려는 듯이 소리가 나오는 곳을 보려고 마음의 눈으로 사방을

부라리며 필사적으로 보려는 작업을 계속하셨죠?

　만약 눈을 가려 놓고 운동장 한복판에 세운 다음, '너를 죽이기 위해서 어디선가 활을 쏠 것이다.'라고 했을 때 그 사람의 모든 신경은 어떻게 되겠습니까? 그 사람을 중심으로 공간(空間) 전체적으로 모든 관심과 신경이 사방으로 뻗어 가지 않을까요? 찰나도 마음을 초긴장하여 전 공간(空間) 구석구석으로 온 신경을 실은 관심이 확대되고 확산될 것입니다. 이것이 소리보기 공부입니다. 그러면서 소리가 나타나면 내쉬는 호흡에 실어서 소리듣기 공부도 계속해야 합니다. 이 상태가 반복해서 이야기했던 실제적인 정혜쌍수(定慧雙修) 공부 상태입니다.

오도와 정혜雙수

(悟道 定慧雙修)

소리보기로 밖으로 확대하고 확산하는 공부를 지속하고 소리듣기로 내면으로 집약하고 축소하는 공부를 계속하니까, 마치 펌프로 풍선에다 공기를 계속 집어넣는 상황이 되어 버리는 거예요. 그럼 어떻게 될까요? 풍선이 부풀어올라 막바지에는 어떻게 되지요? 곧 터지기 직전의 상황이 오겠죠? 그렇게 공부를 계속하다 보니 누가 나에게 한마디만 해 주면 펑 터지면서 뭔가가 다 될 것만 같은 느낌이 들었어요. 이때가 87년도 겨울 동안의 이야기이고 결국은 87년도 섣달 그믐날 전날 밤에 터지고 말았습니다. 오래된 이야기입니다. 터질 때 처음으로 우리가 살고 있는 이 공간 (空間) 우주가 물리적인 자연 공간(空間)일 뿐만 아니라 공간(空間) 우주 속에는 인지하고 인식하는 의식이 있다는 생각이 들었죠. 공간(空間) 우주가 마치 눈을 달고 있는 것처럼 느껴졌습니다. 그리고 나의 개체 의식의 막이 터져 나의 의식과 공간(空間) 우주의 의식이 서로 하나 되었다는 사실도 알게 되었습니다.

그 뒤로는 모든 상황들을 마음 모아 집중하여 생각하면 이치적, 순리적 기준으로 판단되고 해석되는 눈이 생겼고 그 기준에 적합도와 미흡도도 판단되며 그 미흡함을 보충하는 해결의 방법까지 모든 것을 아는 단계에 이르렀습니다. 그리고 불교적 핵심 개념들이 저절로 이해되고 그 상태가 느껴지며 행동으로까지 확대됨을 느낄 수 있었지요. 이러한 상태에 도달하기 위해서 갖추어야 할 염불선(念佛禪) 수행의 요소들을 정리하여 뜻있는 모두에게 전달하고 행하게 하며 도달케 하는 것이 제가 해야 할 금생의 중요한 일이고 뒷사람들에게 꼭 남겨야 할 소임임을 절감하고 쓴 책이 바로 이『염불선(念佛禪)』입니다.

염불선 (念佛禪) 수행 도량

그리고 지금 제가 원(願)이 하나 있다면, 해남의 조그마한 절에 사는데 그곳에 염불선(念佛禪) 공부 도량(道場)을 완성하여 조경(調景) 환경정리 공부와 조신(調身) 예배수행 공부, 조식(調息) 독송수행 공부, 조심(調心) 참선수행 공부인 염불선(念佛禪) 수행을 체계적이고 단계적으로 진행하여 눈을 뜬, 깨달은 자들을 많이 배출하고자 하는 것입니다. 제대로 가동되는 공장에서는 좋은 원료가 들어와 정상적인 공정만 거치면 최종적으로는 완제품이 생산되듯이, 공부에 뜻있는 사람들을 모아서 순차적으로 공부의 과정을 이수하게 하여 견성오도(見性悟道)의 해탈 수행자를 배출하는 그런 공부 공간(空間)을 만드는 것이 나의 꿈이고 소원입니다. 그게 저의 제일 큰 원인데, 그것이 이루어질지 저도 잘 모르겠어요.

아무튼 여러분들이 지금 염불선(念佛禪), 유리창 깨는 견성오도(見性悟道)의 공부는 지금 얘기한 염불선(念佛禪)의 소리하기, 소리듣기, 소리보기, 이 속에 있다고 잘 이해하시고 이 점을 주변에 또한 잘 알려 주시기 바랍니다.

녹취본

4강

마지막의 의미

우리가 접하는 모든 상황이 나의 인생에 있어서 마지막이라고 항상 생각하며 산다면 사는 동안 우리들은 매 순간, 매 상황 아마 더 마음을 다하고, 성의를 다하고, 최선을 다하지 않을까, 하는 생각이 드네요. 안 그렇습니까? 마지막이 꼭 나쁜 건 아니에요. 늘 생각하셔야 합니다. 지금 우리는 인생이 무한정 있다고 생각하잖아요. 그렇지요? 그렇지만 끝나는 시각이 반드시 있습니다. 그 시각이 언제일지 모를 뿐이고, 대략 짐작만 할 뿐이지요. 순간순간 그런 상황을 자각 하고 산다면, 대하는 사람이나 대하는 상황에 보다 더 성의와 마음과 최선을 다하는 방식으로 살지 않을까? 하는 그런 생각이 듭니다. 그렇죠? 지금도 마지막을 상기하면서 되돌아봐야 할 상황이지요.

그러나 공부를 하게 되면 그런 전제 없이도 매사에 자동적으로 정신을 바짝 차리면서 순간순간 최선을 다하는 인격과 자세를 갖추게 됩니다. 공부를 하게 되면 그래요. 그러니까 여러분도 공부를 정말 제대로 하고, 열심히 하셔야 합니다. 그리하여 항상 스스로가 떳떳하고, 당당하고, 그러한 결과들이 보기 좋고, 아름답게 되어야 하지 않을까요? 비록 우리가 공부가 덜 돼서 자동으로 그런 상태가 되진 않더라도 항상 생각만으로라도 지금 이 순간이 마지막인 것처럼 그렇게 성의를 다합시다. 감사합니다.

수행의 순서

자, 이제 공부를 시작하겠습니다. 우리 공부는 밑에서부터 차근차근 순차적으로 한다고 했죠. 우선 눈에 보이고 손에 잡히는 것부터, 환경 정리정돈 공부부터, 그다음에 더 구체적인 소재인 우리 몸에 관한 조신예배(調身禮拜) 수행 공부, 그다음에 더 미세한 호흡, 조식독송(調息讀誦) 수행 공부가 있고 또 우리 존재의 핵심 소재인 의식, 생각 조심(調心) 참선수행 공부가 있습니다. 참선수행 공부 중에서 이근원통(耳根圓通)에 근거한 정혜쌍수(定慧雙修)법이 갖추어진 염불 참선법이 있다 했죠? 그걸 가지고 정상에 오르는 거예요.

이 네 가지 요소를 통해서, 염불선(念佛禪) 수행을 통해서! 지금 우리가 어디까지 했죠? 조경(調景) 환경정리수행은 끝났고, 그다음에 조심(調心)공부, 참선이란 무엇인가?를 공부하였고 그 참선공부를 하는 구체적인 여러 가지 공부 방법이 있는데, 그중에서 염불선(念佛禪), 즉 칭명염불(稱名念佛), 소리를 통해서 마음을 집중하고 확대하여 깨달음에 이르는 구체적인 방법이 무엇인지까지 이야기했었죠. 지금 남은 것이 몸에 관한 예배(禮拜)수행 절하는 공부하고 소리 내서 공부하는 독송조식(讀誦調息)수행을 어떻게 할 것인가? 하는 두 가지가 남았습니다. 자! 그러면 오늘은 예배(禮拜)수행부터 해서 독송(讀誦) 수행으로 마무리를 하겠습니다.

조신(調身)예배수행

예배(禮拜)수행은 조신(調身)수행의 하나입니다. 세상적으로는 몸을 다스리는 여러 가지 수행법도 있고, 운동법도 있습니다. 하지만 그런 다양한 것을 다 소화하기 힘들고 번다하기 때문에 절에서는 예배(禮拜)수행을 하는 것으로 조신(調身)수행을 다 대체합니다. 그러니까 절수행만 제대로 하면 세상의 여러 운동법, 수행법을 해결할 수 있다는 생각을 갖고 절수행에 전념하시면 됩니다. 그러나 그 절을 제대로 하는 것이 중요합니다. 그리고 또 절을 할 때는 동작이 있죠? 그 동작을 좀 더 나은 방식으로 해야 되는데, 그 나은 방식을 제가 지금 여러분들에게 알려드릴 겁니다.

누구에게나 나름대로 보고, 듣고, 배운 절하는 방식이 있죠? 아니면 그냥 어깨너머로 배워서 하는 절도 있고요. 하지만 완전에 가깝고 지극의 정상에 도달하는 마음공부와 연결되는 절을 위해서는 보다 많은 보완이 필요합니다. 그래서 그 점을 알려드리고자 합니다.

사실 몸으로 절을 하는 동작은 상자와 같고 그릇과 같은 것이에요. 그 상자 속에, 그릇 속에 든 내용에 해당하는 것은 절할 때 그 마음가짐입니다. 상자나 그릇보다 더 중요한 문제일 수 있어요. 내용 없는 빈 상자나 빈 그릇이 될 수는 없지 않겠어요? 그래서 그 마음을 어떻게 할 것인지는 마음에 문제가 있고, 이 마음은 생각을 통해 일으킬 수 있으며, 그 생각은 말을 통해 일으키며, 그 말은 고정된 글을 통해 일관되고 통일되게 하는 것이 좋습니다. 그래서 몸으로 동작하고 입으로 말하고 마음으로 생각하는 이 세 가지 구조와 방식이 잘 정리되어 어떻게 신(身), 구(口), 의(意), 삼업이 일치된 구조에서 절을 하여야 합니다. 그랬을 때 보다 밀도 있고 깊이 있는 절을 할 수 있습니다. 신(身), 구(口), 의(意) 삼업이 협력하는 이런 일치된 깊은 절을 어떻게 할 것인가?가 이 예배(禮拜)수행의 주제입니다.

먼저 몸에 관한 부분 동작부터 보겠습니다. 동작에는 정지(停止) 동작과 예배(禮拜) 동작이 있습니다. 정지(停止) 동작은 합장하고 정지(停止)되어 있는 동작입니다. 어떻게 어떤 모습을 취할 것이며, 또 엎드려 절하며 예배(禮拜)할 때, 움직일 때 동작을 어떻게 할 것인지? 보다 더 구체적인 동작에 관한 이야기이지요. 그리고 마음속으로 구체적인 말을 함으로써 지향하고 나타내고자 하는 마음의 상태를 보다 더 명료하고 풍부하게 부풀리고 증폭시키는 효과를 냅니다. 그래서 절할 때 아무 생각 없이 무심히 한다는 말도 있는데, 아무런 생각도 없이 하는 것보다는, 지금 우리들의 단계에서 지향과 고양을 위하여 보다 더 구체적인 서원이나 바람이나 소원을 아주 압축적으로 명료하게 글로 정리하고 말로 반복해서 되뇌는 하는 것이 더 좋습니다. 사실은 간단하고 명료하게 기도문이나 서원문을 만들어서 절을 한 번 할 때마다 그 기도문을 마음속으로 읊조리며 그 뜻을 마음에 새기고 가슴에 새기며 온몸과 뼛속에 새길 정도로 그렇게 깊은 기도를 해야 합니다. 그래서 제가 절하면서 즐겨 쓰는 말이 있는데 "시방세계 모든 부처님이시여!"입니다. 일단 이렇게 부르면 온 우주를 생각하며 그 속에 있는 유형과 무형의 모든 존재들을 부르며 도움을 청하니 이보다 더 크게 모두를 부르는 말이 있겠습니까? 그다음 본인이 진정으로 바라는 개인적인, 구체적인 어떤 소원이나 서원을 예배(禮拜)할 때마다 한 번씩 간곡히 고하고 청할 수 있도록 짤막하고 명료하게 정하는 겁니다.

사실 기도문에는 여러 형태가 있습니다. 그중에 A4

용지 한 장 정도로 긴 산문 서술형도 있는데 이건 너무 집중하기 힘듭니다. 그러니까 더 압축해서 최소한 시적으로 쓰세요. 시 한줄 정도로! 보다 더 수준 높은 방식은 뭘까요? 화두적으로 ~~~ ! 감탄적으로 "이 뭐꼬?", "오, 주여~~~!" 이것만으로도 훌륭한 기도문이 됩니다.

여러 사례가 있는데 예배(禮拜) 수행할때는 기도 문은 절 한 번에 짧게 압축적으로 하시라는 말입니다. 그리고 가장 좋은 기도문은 가장 위대하고 큰 것과 모두에게 자신을 부탁하는 거예요. 불교에서는 부처님이 가장 위대하신데 그중에서도 가장 수준 높은 방식은 형상이나, 모양으로 생각하는 것보다 부처님의 능력이나 공덕을 생각하는 것이 더 낫다고 했고, 이보다는 무한허공적으로 부처님의 무한함을 생각하는 것이 더 낫다고 했지요. 형상 없이 무한적으로 생각하는 부처님이 가장 뛰어나고 위대한 부처님입니다. 그래서 부처님을 무한우주적으로 생각하는 것입니다. 무한우주를 지극히 생각하시면서 거기에 마음을 두고 "시방세계 모든 부처님이시여~~! 이러이러한 것을 꼭 이루도록 적극 도와 주시옵소서~~~!"라고 지극히 간절히 말하면서 절을 하라는 거예요. 이러한 생각과 말과 정밀한 동작, 이 세 가지가 협력했을 때 가장 수준 높고 밀도 있는 절이 되는 겁니다.

자, 이제 절하는 동작을 이야기해 보겠습니다. 먼저 방석에 서있는 방법부터 잘 배워야 돼요. 공부의 시작은 환경 정리부터 잘 다루며 하는 거라고 말씀드렸었죠? 그러니까 물건을 어떻게 다루고 쓰느냐, 이것부터 중요합니다. 방석을 쓰는 법엔 여러 가지가 있어요. 제가 경험을 해 보니까 발바닥의 오목한 부분을 방석 끝에 대고 방석을 반쯤 밟는 것이 가장 좋았습니다. 그 이유는 발이 방석에서 벗어나 마룻바닥에 내려서 있는 채로 절을 하다 보면 방석이 앞으로 밀려서 가끔씩 내 쪽으로 끌어당겨 줘야 하는 불편함이 생기며, 겨울에는 마룻바닥이 차서 몸이 긴장되어 편안히 절을 하지 못합니다. 그리고 방석에 두 발바닥이 모두 올라가 있으면 긴장감이 풀려 편안하고 느슨한 마음이 되고 나태한 마음이 생겨 이 둘을 다 잡는 법으로 발바닥 오목한 부분으로 방석을 반만 밟고 서 있는 것입니다. 절할 때는 이렇게 방석 반을 밟고 있으면 참 좋습니다. 여러분도 참고하시고, 그렇게 하시면 좋겠습니다.

그다음에 이제는 정지 상태의 동작인 합장입니다. 합장은 우선 표현적으로 양 손바닥을 합하는 겁니다. 자 손바닥을 붙이며 합장해 보세요. 손바닥은 잘 붙이셨을 테고, 손끝은 잘 세우셨나요? 이 손끝을 세우는 것이 결국은 합장을 잘하느냐, 못하느냐를 판가름합니다. 여러분 정신의 상태를 판가름해버리고 앞으로 정신의 상태가 어떻게 될 것인가를 결정합니다. 이 손끝 각도가 엄청 중요합니다. 그런데 우리 불자들이 대부분 나름대로 자세를 잡으시죠? 딱 보면 이 사람의 지금 마음 상태가 어느 정도인지 알아요. 그것이 습관적이고 일상적으로 하면 평소 상태와 수준이 되겠지만, 그 순간이라도 마음 상태를 알 수 있는 거예요. 손끝을 직각으로 곧바로 세워서, 직각의 0 지점에 손끝을 정확히 맞춘다는 마음으로 동작합니다. 그리고 손목과 연결된 팔이 서로 직각으로 되면서 두 팔이 수평으로 되어야 합니다.

보통 사람은 손바닥이 모아지는 것만 보지만, 근본을 아는 사람은 그 모습을 뿌리까지 보고 파악하기 때문에 손끝 모양과 각도, 그리고 팔의 모양까지도 살피고 지적합니다. 여기에서 한 발 나아가 더 밑뿌리는 합족(合足)입니다. 즉 앞뿌리와 발 뒷꿈치까지 양쪽 발을 빈틈 없이 꽉 붙여야 합니다. 이렇게 물 샐 틈없이 일심(一心)이 되면 지향의 마음이 고도로 증폭 됩니다.

이때 눈을 감고 어떤 마음을 가져야 하느냐? 하면 내가 우주의 끝과 우주의 가장 높은 중앙청과 직통하고 있다. 정통하고 있다는 생각으로 그러한 마음을 갖는 겁니다. 그러한 마음으로 손끝을 딱 세우는 거예요. 이 손끝의 각도를 직각에서 조금씩 아래로 틀어 보세요. 직각일 때는 우주의 중앙청과 연결되는 것이고, 어떻게 보면 우주의 중앙방송국과 연결하는 거예요. 안테나를 거기다 딱 고정하는 거예요. 방송국 다이얼을 조금만 돌려도 그 방송이 안 잡히죠? 정확한 지점에 맞춰야 방송이 선명하게 들리듯이, 이 손끝을 세울 때 우리의 마음 상태가 우주의 중심적인 상태와 연결되는 거예요. 아셨어요?

그러니 이치를 아는 사람이 한 치의 오차를 허용할 수가 있을까요? 여러분 지금부터는 이렇게 합장을 하십시오~! 아시겠지만 다시 한번 각인하셔서 그 모습을 보이십시오. 불교TV 무상사의 모든 모습이 전국에 방영되잖아요? 불교TV 무상사의 모습이 앞으로 한국 불교와 세계 불교를 선도하는 장이 되어야 합니다. 그러니 바르게 합장하는 자세부터 알리는 역할을 해 봅시다. 여러분, 손끝을 세우고 있고 그런 내가 우주의 지극한 존재와 지극한 곳과 직통하고 정통하고 있다는 마음만 가져도 그 자체만으로 좋은 기도가 됩니다.

거기다 "시방세계 모든 부처님이시여~~!" 하면서 무한우주와 그 속에 있는 모든 일체 존재들을 생각합니다. 무한 우주를 생각하는 것은 지고의 부처님, 영원한 부처님인 법신(法身) 부처님을 생각하는 것이고 그 뒤의 모든 부처님은 보신(報身) 부처님과 화신(化身) 부처님, 즉 영적인 부처님과 몸으로 화현하신 모든 부처님을 생각하는 것입니다. 그 모든 부처님을 모시고서 자기가 원하는 소원의 이야기를 간절히 간단

하고 명료하게 전하면 그 자체만으로도 훌륭한 기도
가 되는 겁니다. 자 이것이, 중요한 정지 자세에서 가
져야 할 몸자세와 마음 자세입니다.

합장한 손을 미간 백호까지

이제, 움직이는 동작으로 들어갑니다. 예배(禮拜) 동작입니다. 보통 절은 합장한 손이 가슴에서 시작해서 또 가슴에서 끝이 납니다. 그런데 그 정도 가지고는 안 되고, 이 손을 이마의 미간 백호까지 올려서 지극한 마음을 먼저 적극적으로 일으키는 것이 필요합니다. 한번 해 보십시오. 엄지손가락 끝이 부처님의 미간 백호 자리에 위치하는 데 엄지손가락 끝은 이마에 닿아도 안 되고 너무 떨어져도 안됩니다. 닿을 듯, 말 듯할 때 생체자기(生體磁氣)가 발생해서 미간백호를 자극을 합니다. 지혜의 창고문이 그곳에 있습니다. 우리가 말하는 불안(佛眼), 천안(天眼), 혜안(慧眼) 이것이 모두 그곳에 있어요. 이곳을 노크하듯 자극하면 하면 문이 열립니다.

불교의 완성 중 하나에 지혜(智慧)가 있습니다. 우리의 신체부위에서 미간 부분을 계속 자극을 하고 그곳에 마음을 모을 때, 더 개발되어 지혜의 능력이 나옵니다. 그리고 지극한 마음을 일으키면서 해야 되는데, 손을 미간까지 올릴 때 더 지극함이 일어납니다. 그래서 먼저 지극한 마음을 충분히 일으키기 위해서라도 엄지손가락 끝을 미간 백호에 딱 자리하게 한 다음, 지극한 마음을 일으켜야 합니다. 그리고 거기에서 눈을 감고 마음속으로 "시방세계 모든 부처님이시여~!" 말하면서, 시방세계 모든 부처님을 생각하는 거예요. 무한공간(空間) 속의 모든 부처님을 생각하는 거지요. 마치 큰 그릇에 지극정성의 물을 가득 담는다는 생각과 느낌으로 충분히 머물렀다가, 그 지극한 마음의 상태를 가득 담고 합장한 손을 조심스럽게 가슴까지 내립니다.

일심을 위하여 일신을 시종일관

그다음, 또 하나 아주 중요한 것이 있어요. 여러분, 지극한 절을 한다고 할 때 우리는 일심(一心)으로 한다고 표현하죠? 일념(一念)으로 한다고 하고, 그래야 제대로 한다고 그러지 않습니까? 기도도 마찬가지고, 절도 마찬가지입니다. 일심정례(一心頂禮)라는 말도 있고요? 그러면 지극한 마음을 일으키기 위해서, 일심(一心)을 일으키기 위해서는 마음을 담고 있는 몸의 형태를 살펴야 합니다. 논리적으로도 그렇습니다. 일심(一心)을 갖기 위해서는 선행해서 먼저 일신(一身)을 만들어야 되겠지요? 물과 그릇이 있다 할 때 물은 내용물인 마음이요, 그릇은 외형물인 몸입니다. 그릇의 모양대로 물의 모양이 만들어지듯이 몸의 모양대로 우리들의 마음도 만들어지지요. 그러니 일심(一心)을 위하여 일신(一身)을 먼저 만드는 것은 명약관

화(明若觀火)한 일이 아닐 수 없습니다.

자, 그럼 우리들 몸의 구조를 봅시다! 머리, 몸은 한 통이죠? 그러니 손댈 것이 없어요. 다만 손발이 갈라져 있어요. 그래서 일심(一心)을 위한 일신(一身)을 위해 손과 발을 모아야 합니다. 손과 발을 적극적으로 모을 때 보다 더 일심(一心)의 마음을 일으키며 유지할 수가 있습니다. 자, 비교해보면 금방 알 수 있습니다. 손을 벌리고 일심(一心)하는 것보다 손을 모으고 일심(一心)하는 것이 훨씬 더 유리하죠? 발을 벌리고 일심(一心)하는 것보다 발을 모으고 일심(一心)하는 것이 훨씬 더 효과적이죠? 그래서 기도할 때나, 지극한 마음을 가질 때 합장(合掌)을 하고 합족(合足)을 하는 겁니다.

그런데 문제는 움직이는 절을 할 때입니다. 시작하기 전에만 합장(合掌), 합족(合足)으로 일신(一身)이 되어 일심(一心)의 상태를 유지하다가 시작하면 손을 내리면서 곧바로 양손이 떨어집니다. 이 점이 맹점(盲點)이에요. 그래서 지금 제가 일심(一心)을 위하여 일신(一身)을 시종일관(始終一貫) 꾸준히 유지하는 법을 알려드리려는 거예요. 알고 보면 너무너무 쉽습니다. 모르면 어렵지만요. 여러분, 전깃불이 들어오는 원리 아시죠? 전깃불은 플러스, 마이너스 전선이 접선이 되어야 불이 들어옵니다. 옛날 전선들은 여러 가닥 선들이 모여서 전선을 이루죠? 그런데 그 여러 가닥 중에서 한 가닥만 붙어도 불이 들어옵니다. 여러 가닥의 전선이라도 서로 떨어지면 불이 들어오지 않는데 여러 가닥 중에 단 한 가닥만 붙어도 불이 들어오는 이치처럼 손을 내리고 올릴 때 반드시 손가락 하나도 떼지 않고 붙인 채로 내리고 올리라는 이 말입니다.

여러분은 어떻게 하고 계시는가 모르겠어요. 그런데

정말로 지극, 정성스러운 마음을 갖고 절을 하다 보면 저절로 몸이 안 떨어집니다. 이런 사실은 제가 어디서 듣고 배워서 말하는 것이 아니라 제가 경험으로 지극 정성스러운 상태를 유지하면서 절을 하다 보니까 이런 모습이 나오게 되었고 이것을 이치적으로 이해하려고 살펴보니까 이런 이치가 들어 있는 것을 알게 되었습니다.

그러니 지극한 마음을 갖고 절을 하면 지극히 동작하는 방법이 나오듯, 지극히 동작하는 방법으로 절하면 보다 더 지극한 마음으로 절을 하게 되는 이치입니다. 그래서 그 원칙을 지키면서 손을 내리고 보통 가슴에서 곧바로 방석에 손을 짚는 자리로 직선적으로 옮기시는데 그러지 마시고 붙인 그 손을 몸 가까이, 방석 가까이 하면 더 좋습니다. 그리고 또 절하며 손을 내릴 때는 엄지와 집게손가락으로 쓸어내리듯이 절하고 일어설 때는 새끼와 약지손가락으로 끌어 모으듯이 올리면 더욱 좋습니다. 그리고 다만 엎드려 절하시고 고두례 하실 때는 양손을 떼어 귀 옆으로 올리셔도 좋습니다.

이 동작과 절할 때 갖추어야 할 말과 생각까지 모두 잘 이해하신 다음에 그대로 행하신다면, 평상시보다 훨씬 더 깊은 절이 되실 것입니다. 이것으로 기존의 여러 절들과 확연히 차이 나고 구별되는 예배(禮拜)수행법 모든 것을 다 이야기했습니다.

양적인 절에서 질적인 절로의 전환

여러분들은 절을 하실 때 보통 개수 단위로 절을 하실 것입니다. 예를 들면 108배, 1080배, 3000배 등 이렇게 숫자를 세면서 하는 절은 '열심히' '부지런히' 식의 의지적인 방식의 절이기에 초보자들에게는 적합할 수 있으나 연세가 많으시거나 더 깊고 차원 높은 절을 원하시는 분들에게는 적합하지 않습니다. 그러므로 이제 간절히, 사무치는 수준의 절을 위해서는 절의 양을 세는 방식을 바꾸어야 합니다. 개수 채우기 식으로 하면 '열심히' '부지런히' 방식이기 때문에 절하는 속도가 빨라지기 십상이고 그렇게 되면 질적으로 깊어지기 어려운 것은 모든 분이 공감하실 겁니다.

그래서 이제부터는 절의 질을 측정하는 방법으로 시계를 이용하여 시간 단위로 하시는 것을 추천합니

다. 15분, 30분, 1시간, 2시간, 4시간, 8시간 등. 108
배의 양을 생각하신다면, 시간으로는 대략 30분을 잡
으시면 됩니다. 이렇게 30분 동안 몇 번의 절을 하시
든지 지극히, 간절히, 천천히 하다 보면 자연히 절의
질이 높아지겠지요? 천 원짜리 돈을 부지런히 세는
것보다 만 원짜리나 오만 원짜리 돈을 천천히 세는 것
이 훨씬 더 수입이 많지 않겠나요? 그런 이치입니다.

그동안 여러분들께서는 마음도 바쁘고 힘도 많이
드는데 소득은 별로 없었을 수도 있습니다. 그러니까
잘 판단하십시요. 천 원짜리 돈을 부지런히 바쁘게 세
는 절을 할 것인지? 만 원짜리, 오만 원짜리 돈을 심
지어는 백지 수표를 천천히 세듯이 절할 것인지? 말
입니다.

조식(調息) 독송수행

다음은 조식독송(調息讀誦)수행입니다. 밖으로 소리 내서 하는 모든 공부, 이것이 독송(讀誦)수행입니다. 마음속으로 소리 내는 것과는 달라요. 지금 이 공부는 밖으로 소리를 내는 건데 소리를 내는 데에도 여러 가지 형태가 있죠? 보고 읽으면서 소리 내는 형태와 외워서 하는 형태 두 가지로 크게 나뉘며, 분량으로는 가장 부피가 많은 경전이 있고, 조금 더 적은 형태로는 다라니가 있으며 보다 더 작은 것으로는 주문이나 진언, 그리고 부처님의 명호가 있습니다.

그런데 표면적으로 독송(讀誦)공부는 밖으로 소리를 내는 것이지만, 사실 소리를 내는 것이 목적이 아니라 우리들의 뱉는 호흡을 늘이며 길게, 깊게 하는 겁니다. 그러니 독송(讀誦)공부는 호흡을 깊게 하고,

길게 하는 데 목적이 있습니다. 그러므로 무엇인가 눈으로 보고 읽으면서 밖으로 소리를 내든지, 아니면 암기했던 것을 외우고 반복해서 밖으로 소리를 내든지, 아무런 상관이 없습니다. 왜냐하면 독송(讀誦)의 진정한 목적은 의미를 전하는 글이나 소리에 있는 것이 아니라 심호흡 하게 하는 데 있기 때문입니다.

평상시의 사람들을 생각해 보세요. 가만히 있으면 가슴 호흡만 됩니다. 그런데 쉬지 않고 밖으로 소리를 계속하면 가슴에 있는 숨이 나가고 배에 있는 숨이 나가서 배꼽 밑에 있는 호흡까지 나가게 되지요? 단전까지 숨이 빠졌을 때 다시 숨을 들이마시면 숨이 단전까지 들어오므로 저절로 단전 호흡이 되는 거예요. 그다음에 또다시 배꼽 밑에 있는 호흡까지 모두 뱉으며 읽다가 숨이 또 바닥나면 다시 숨을 마음껏 들이마셔서 소리를 하는 과정을 이렇게 계속 반복하는 거예요. 그렇게 호흡하며 소리하면 평상시보다 훨씬 많은 호흡으로 늘어나는 거예요.

호흡이 늘어나면 수명이 늘어나니까 건강이 좋아지는 공덕이 생깁니다. 우리 생명체가 처음 태어날 때 호흡은 배로 하지만 갈 때는 턱으로 호흡을 한답니다. 호흡이 짧아지니까 그만큼 수명이 짧아지는 거예요. 반대로 호흡을 늘이면 여러분 수명이 늘어나고, 건강이 좋아지겠지요? 그렇게 호흡의 길이가 수명의 길이가 됩니다. 또 하나의 공덕은 호흡이 길어지면 생각이 깊어집니다. 깊은 생각을 할 수 있는 능력이 생겨요. 지혜가 생깁니다. 아셨어요? 그래서 호흡의 길이처럼, 멀리 내다보는 생각을 할 수 있어요. 뭘 읽어도 상관은 없습니다. 보고, 읽으며 소리하든, 암기해서 소리하든, 같은 것을 계속 반복해서 소리하든 간에 심호흡만 제대로 하면 되니까요. 경전으로 하든 다라니로 하든 주문, 진언으로 하든 부처님의 명호로 하든 소리를 내며 호흡만 제대로 하면 됩니다. 다만, 심호흡을 하면서 하느냐?가 문제가 될 뿐입니다. 지금 무엇을 읽느냐?, 무엇을 소리하느냐?를 문제 삼으면 아직 지엽적인 손가락 가지고 얘기하는 거예요. 손가락은 크고 작고, 높고 낮음이 있으니 어떤 것이 좋다?, 무엇을 하면 좋다? 하면서 서로 간의 갈등과 혼란을 조장합니다. 이것은 핵심적인 이야기가 아니에요. 그 모든 것이 손바닥에서 이루어지고 손바닥에서 갈라져 나갔듯이 손바닥 이야기를 해 줘야 합니다. 손바닥 이야기는 뭘까요? 어느 경전이나 다라니에 나오는 어느 부처님 이름을 소리한다 하더라도 사실은 호흡을 하기 위해서 하는 것이니 심호흡만 제대로 하면 됩니다. 그렇기 때문에 『금강경』을 읽어도 좋고 『지장경』을 읽어도 좋으며, 다라니를 해도 좋습니다. 부처님 이름을 불러도 좋습니다. 이렇게 하는 방식을 다 칭찬할 수밖에 없어요.

근본의 깊은 이치를 아는 사람, 어느 것 하나 차별하는 법이 없어요. 그런데 아직 바탕, 이 근본원리와 이치를 모르는 사람들은 이것이 좋으니, 저것이 좋으니 하며 이렇게 시시비비(是是非非)를 계속 이야기하며 갈등하는 거예요. 그러니 이것 하는 사람도 갈등이고 저것 하는 사람도 갈등입니다. 이것 하고 있는데 저것 이 더 좋다고 하니, 그 이야기를 듣는 사람은 갈등이 생기겠지요. 이 세상이 복잡하고 어지러운 것은 온전 히 알지 못하고 적당히 아는 사람들 때문이라는 말이 있습니다. 이 근본 이치에 들어간 사람의 이야기를 들 어야 모든 세상의 모든 것을 다 살리는 방식으로 이야 기를 해요. 더 나아가 종교 이야기를 할 때도 이 종교 는 어떻고, 저 종교는 어떻고 하면서 그렇게 시시비비 합니다. 깊이 들어가면 다 한 손바닥에서 일어나 각각 의 필요한 역할들을 하는, 다 소중한 존재들인데 말입 니다.

자, 여러분들 독송 한번 해 볼까요? 어떻게 읽어야 되느냐? 독송은 소리 내는 것이 목적이 아니고 읽을 때 내쉬는 숨을 될 수 있으면 많이 빼내면서 심호흡하게 하는 것이 목적이라는 것을 정확히 아셔야 합니다. 무엇으로 소리하든지 간에 최소한 아랫배가 쑥 들어갈 때까지 호흡을 빼내시면서 하시고 더 나아가 적극적으로 말하면 우리가 빨래를 짤 때처럼 이 몸이 꽉 짜이는 느낌이 들 때까지, 진공 포장할 때 포장지가 쪼그라들 듯이 몸이 쪼그라드는 느낌이 들때까지 호흡을 빼내야 돼요. 그래야 몸속에 박혀 있는 번뇌업장의 뿌리들까지 빠져나가기 때문입니다.

우리가 잡초를 제거하는 방법이 있어요. 가장 쉬운 방법으로는 지표면의 잡초를 낫질하는 거예요. 그런데 낫질하면 어떻습니까? 당장은 제거되는데 시간이 지나면 또 자라나죠? 왜 그럴까요? 뿌리가 뽑히지 않아 근본적으로 해결되지 않았기 때문입니다. 근본적으로 정리하려면 어떻게 해야 될까요? 뿌리를 뽑아야 하지요? 뿌리 뽑을 때 힘을 많이 쓰고 애를 써야 하듯이 여러분께서 소리할 때도 숨을 너무 쉽게 자주 바꾸면 안 됩니다. 소리할 때, 아랫배가 쑥 들어가고 몸이 빨래 죄는 느낌이 들 때까지 숨을 길게 깊게 뽑아냈다가 입을 다물고 코로 마음껏 들이마신 후, 다시 천천히 아랫배가 들어가고 몸이 빨래 짤 때처럼 쪼그라들 때까지 호흡을 뱉으면서 소리하는 거예요.

이럴 때 호흡은 빼내는데 소리가 없이 진행되는 상태가 나와야 돼요. 이해되시나요? 소리가 없는 상태가 땅속에 숨어 있는 뿌리를 뽑는 작업을 하듯 우리 몸속에 박혀 있는 번뇌의 뿌리를 뽑는 작업을 하고 있는 상태입니다. 그런데 그런 이치와 원리를 모르고 소리 없는 상태를 만들지 않고 숨을 짧게 자주 뱉고, 짧고 급하게 자주 들이마시면서, 드러나는 소리하기에 바쁜 사람들이 있어요. 소리가 없는 부분을 만들면서 진행해야 심호흡이 번뇌의 뿌리까지 뽑는 작업을 해서 공부가 깊어진다는 거예요.

그래서 앞으로 무슨 경전이 좋다, 무슨 다라니가 좋다, 무슨 부처님 이름을 부르면 좋다는 말에 더 이상 갈등할 필요 없습니다. 하지만 이 공부가 마음공부 쪽으로 보다 더 깊어지기 위해서는 눈은 감고 하는 것이 좋겠지요. 그러니 사실 경전의 원래 목적은 호흡하는 공부 용도가 아니라, 부처님 가르침의 그 이치를 이해하는 독서의 목적이기 때문에 호흡공부에 덜 적합할 수가 있어요. 경전이 좋으시다면 하셔도 상관없습니다.

단, 심호흡에만 유념하시면 됩니다. 눈을 감고 하려면 외워서 하거나 짧은 걸 하시면 됩니다. 가장 쉬운 방법은 '열심히', '부지런히'에서 '간절히', '사무치게'까지 접근할 수 있는 부처님의 이름을 부르는 것입니다. 또 자세가 있는데 예배(禮拜) 동작은 서서 하고, 참선 동작은 앉아서 하지요? 그 중간 동작으로는 무릎을 꿇고 하는 동작입니다. 그래야 가슴도 쫙 펴지고

허리가 똑바로 세워지며 호흡이 순조로워져 기혈이
보다 더 쉽게 열리는 상태가 됩니다.

지금까지 독송수행 공부의 핵심을 대략적으로 공부
하셨습니다.

오도수행과 생활수행
(悟道修行 生活修行)

완전한 인생, 온전한 세상이 되기 위해서 우리는 어떻게 해야 할까요? 불교적으로는 먼저 나 자신이 부처가 되는 거예요. 완전한 인격자가 되는 것인데, 그렇게 되려면 어떻게 해야 되느냐? 일단 인간의 핵심 요소인 정신이 완전해야 합니다. 정신을 완전하게 하는 공부가 바로 참선공부예요. 그런데 그 정신완성 공부인 참선공부를 하기 전에 먼저 해야 할 공부들이 있다고 했었죠? 마음참선공부 이전에 호흡 독송공부, 그 이전에 몸 예배(禮拜)수행 공부, 그 이전에는 가장 외곽에 있는 환경을 정리하는 공부를 순차적으로 하면서 접근한다 했습니다.

이것이 우리가 정신완성의 깨달음을 얻기 위한 오

도(悟道) 수행의 공부의 네 가지 요소라고 했어요. 그래서 공부할 때는 이 네 가지 요소를 잘 기억하고 바른 방법으로 잘 수행하여야 합니다. 그런데 문제는 우리가 공부를 끝내고 무엇을 하나요? 생활을 해야 되잖아요. 사실 공부보다 더 중요한 것은 생활이에요. 생활을 바람직하게 해야 돼요. 또 생활보다 더 중요한 것은 생존입니다. 먹고사는 문제를 해결해야 돼요. 재가자 여러분들께서는 먹고사는 문제를 해결하는 바탕 위에서 바람직한 생활을 해야 되고, 또 그 생활이라는 바탕 위에서 공부를 해야 됩니다.

그러면 생활은 어떻게 하는 건가요? 깨달으면 스스로, 알아서 바르게 살지만 아직 깨닫지 않았을 때는 스스로 알기 힘드니, 어떻게 사는 것이 바르게 사는 것인지?에 대한 바른 생각을 정리하여 알려 줘야 돼요. 그래서 그 바른 생각, 즉 사고방식이 먼저 정립되어야 하고 그 바른 사고방식 생각의 형태에 따라서 이제 행동을 해야 합니다. 그래서 바른 행동을 하도록 도와줘야 돼요. 그리고 바른 행동 속에서 인간적인 관계를 잘하는 것도 배울 것이고, 몸만 가지고 사는 세상이 아니기 때문에 이 물질과 공간(空間)을 어떻게 다루며 잘 운영하고 살 것인지?에 대한 생활환경까지 나가야 합니다.

그래서 바른 사고방식, 바른 행동 방식, 그다음에 바른 생활환경 방식을 정립하는 이 세 가지가 있어야 됩니다. 이것은 개인적으로 또는 별도의 프로그램을 가지고 이야기를 해야 돼요. 그런데 바른 사고 방식 정립에 아주 탁월한, 프로그램이 하나 있어요. 그 프로그램 이름이 '동사섭'이고 경남 함양 행복마을에서 용타 스님이라고 하시는 분께서 가르치십니다. 혹시 들어보셨나요? 청화 큰스님 상좌이시고, 저하고도 가까우신 분인데, 그 '동사섭' 프로그램은 우리 인간이 무엇을 위해서 어떻게 살아야 되는가 하는 바른 생각을 갖게 합니다. 그런 좋은 '동사섭' 프로그램도 있어요. 여러분도 기회가 되시면 한번 참여해 보세요. 그러면 바른 가치관를 잘 정립하여 바른 인생을 사는 데 큰 도움이 될 것입니다.

　제가 지금 꿈꾸고 있는 것이, 땅끝 해남의 조그마한 절이지만, 오직 깨달음을 목표로 공부하는 전문 수행자들을 위한 조경(調景)정리수행, 조신예배(調身禮拜) 수행, 조식(調息)독송수행, 조심(調心)참선 수행을 보다 심층적으로 체계적으로 가르치는 오도수행(悟道修行) 프로그램을 진행하고 있고, 또 어떻게 보다 바람직하게 생활하고 살 것인가?를 주제로한 바른 생각, 바른 말, 바른 행동, 바른 생활, 바른 환경에 관하여 자세히 설명하고 생활 중에 체크하고 점검하고 교정하여 몸으로 직접 배우고 익히는 생활수행(生活修行) 프로그램도 가지고 있습니다. 그러니 혹시 기회가 되시면 언제든지 오셔서 참여하셔서 함께 공부하기 바랍니다. 또 요즘 전화가 편리하고 좋으니, 이 자리에서 다 이해하지 못한 미진한 여러 가지 것들은 전화로도 문의하셔서 도움받으시고 본인들의 공부와 생활과 삶에 유익하셨으면 합니다.

아무튼 여러분과 오랜 시간 함께하여 기쁘고 즐거웠으며 이런 인연으로 서로의 불도(佛道)가 깊어졌음에 감사했습니다. 항상 건강하시고 행복하시며 우리 모두가 바라는 깨달음의 공부가 어서 빨리 성취되시기를 축원드리며 이만 마치겠습니다. 장시간 함께해 주셔서 대단히 감사합니다. 성불(成佛)하십시오!

맺음말

나의 삶의
획기적 전환의 계기를 만들어 주었던 것은
언제나 대불련(한국대학생불교연합회) 이었다.

그로 인해 세상에서 알지 못했던
수행해탈의 길을 알게 되어 출가의 길을
걷게 되었으며,

출가수행 후 기존의 수행풍토 속에서
새로이 도약할 계기가 된 요가적 인연을 만들어 준 것도,
대불련 74학번 김희승 선배님의 안내였다.

대불련과의 인연으로
불교적 성과를 이렇게 이루며
지금의 이 자리를 지키고 있는지도 모른다.

BTN 불교TV 방송과
인연을 맺게 해 주신 78학번 정용학 선배님,
BTN 불교TV 방송 〈열린법회〉에 선뜻 자리를 내어주신
80학번 동기인 변대용 BTN 본부장님

그리고
누구보다도 바쁘신 중에도
녹음을 글로 옮겨 주신 78학번 이은래 선배님
흔쾌히 함께 도와주신 87학번 박영숙 후배님

모두에게
고맙고 감사할 뿐이다.
그리고
책으로 나오도록 법보시해 주신 동문 선배님들과
모든 분들~~~ !

모두에게
불은이 항상 가득하셔서
늘 평안하시고 건강하시며 행복하시기를
두 손 모아 기도드린다.

불기 2563 년 9 월 18 일

염 불 선
정 밀 수 도 도 량
광 보 사
자 황 합장

자황스님 무상사 법문
BTN 불교TV 열린법회

해탈의 징검다리

2019년 10월 3일 1판 1쇄 박음
2019년 10월 3일 1판 1쇄 펴냄

지은이 자황스님
펴낸이 김철종
편집 한언 편집팀   **디자인** 최예슬   **마케팅** 손성문
인쇄제작 정민문화사

펴낸곳 한언
출판등록 1983년 9월 30일 제1 - 128호
주소 03146 서울시 종로구 삼일대로 453 (경운동) 2층
전화번호 02) 701 - 6911   **팩스번호** 02) 701 - 4449
전자우편 haneon@haneon.com   **홈페이지** www.haneon.com

ISBN 978-89-5596-884-2   03220

이 도서의 국립중앙도서관 출판예정도서목록 (CIP) 은 서지정보유통지원시스템 홈페이지
(http://seoji.nl.go.kr) 와 국가자료공동목록시스템 (http://www.nl.go.kr/kolisnet) 에서
이용하실 수 있습니다. (CIP제어번호: CIP2019036892)